A mi padre, quien de haber tenido en sus manos
el despertar de conciencia que el programa
de seis pasos para recuperarse del tabaquismo brinda,
aún estaría con nosotros.

CÓMO
DEJAR DE
FUMAR
¡DEFINITIVAMENTE!
Y PREVENIR OTRAS ADICCIONES

Eduardo Hernández

EDITORIAL
TRILLAS

México, Argentina, España,
Colombia, Puerto Rico, Venezuela ®

Catalogación en la fuente

Hernández Sandoval, Eduardo
    Cómo dejar de fumar ¡definitivamente! : y prevenir
otras adicciones. -- 2a ed. -- México : Trillas, 2013.
    166 p. ; 23 cm.
    Bibliografía: p. 159-160
    Incluye índices
    ISBN 978-607-17-1419-0

    1. Fumar - Hábito. 2. Tabaco - Efectos
fisiológicos. I. t.

    D- 362.2968'H769c   LC- BF789.56'H4.2

Derechos reservados
© 2013, Editorial Trillas, S. A. de C. V.

División Administrativa,
Av. Río Churubusco 385,
Col. Gral. Pedro María Anaya,
C. P. 03340, México, D. F.
Tel. 56884233, FAX 56041364
churubusco@trillas.mx

División Logística,
Calzada de la Viga 1132,
C. P. 09439, México, D. F.
Tel. 56330995, FAX 56330870
laviga@trillas.mx

▣ Tienda en línea
www.trillas.mx
www.etrillas.mx

Miembro de la Cámara Nacional de
la Industria Editorial Reg. núm. 158

Primera edición TT
ISBN 978-607-00-4893-7

Segunda edición, enero 2013
(Primera publicada por Editorial Trillas,
S. A. de C. V.)
ISBN 978-607-17-1419-0

Impreso en México
Printed in Mexico

Acerca de este libro

El conocimiento que motivó a crear los programas de desarraigo del tabaquismo y prevención del abuso de alcohol y uso de sustancias, se concretó después de un proceso de investigación, prueba y error, que realicé durante los 20 años que intenté liberarme de la esclavitud de la adicción a la nicotina que padecí por 30 años.

Estos programas han probado su eficiencia en el desarraigo de largo plazo del tabaquismo con el uso de este manual, producto de un innovador procedimiento de trabajo al cual se agregó conocimiento aplicado a resultados que son validados en cada presentación de la Clínica del Tabaco, S. C. y que se han certificado ante notario público.

Se incluye la explicación de descubrimientos en estudios científicos serios llevados a cabo alrededor del mundo, citados y reproducidos con autorización por escrito de autores reconocidos ante el Registro Público del Derecho de Autor.

La terapia fisiológica y conductual cognitiva para abandonar la nicotina fue hecha en México para su aplicación en la comunidad latinoamericana y en general de habla hispana, inglesa o portuguesa.

La redacción no tendría la claridad necesaria para su mejor entendimiento de no haber sido corregida por Begoña Benalak. Gracias a todas las personas que han apoyado y creído en la Clínica del Tabaco, a quienes han participado en sus programas y que ¡sólo por hoy han dejado de fumar! Con su retroalimentación han ayudado a explicar conceptos que se podrían percibir complicados y a mejorar el contenido del programa para beneficiar a más personas.

No importa cuánto se fume, desde cuándo se haga o cuántos intentos se hayan hecho por abandonar la nicotina, con el conocimiento compartido en el *Programa de 6 Pasos para Recuperarse del*

Tabaquismo (P6P) se puede despertar la conciencia y dejar de fumar ¡de una vez y para siempre!

CÓMO DEJAR DE FUMAR ¡DEFINITIVAMENTE! Y PREVENIR OTRAS ADICCIONES

específicas resultarán en la aplicación de las sanciones establecidas por la *Ley Federal de Derecho de Autor* y las no previstas en la misma, por el derecho común. Contáctanos para averiguar cómo puedes operar una Clínica del Tabaco con el P6P.

Este manual se puede traducir a otros idiomas, escribe a la clínica para saber más. Te comentamos que ha sido creado para que el lector tenga elementos al introducirse a los programas y conservar la abstinencia, en éstos se comparte cómo el autor y muchas otras personas han dejado de fumar definitivamente. El lector es el único responsable del uso que se haga de este material. En ningún caso la Clínica del Tabaco, S. C., se compromete por daño alguno causado por su aplicación.

No sugerimos confiar únicamente en la información de esta obra y sustituir las terapias con un profesional sanitario para tratar el tabaquismo. Los programas te brindarán la abstinencia a la nicotina con un proceso supervisado por un terapeuta calificado además del manual, la introducción a los programas y el mantenimiento de largo plazo. Como fumador se metaboliza más rápido, por lo que como ex fumador puede ser necesario reducir la dosis de algún medicamento que se administre para tratar otros padecimientos.

Así como los ahora ex fumadores que han asistido a la clínica, danos un voto de confianza y haz tu mejor esfuerzo en comprender y aplicar el P6P para recuperarte del tabaquismo. Pedimos la buena voluntad de compartir tu experiencia y la fortaleza que los pasos brindan con otras personas a tu alrededor. Todos merecen conocer dónde hay una certera salida de esta adicción que ha flagelado y diezmado a la humanidad por décadas.

Prólogo

Después de un largo proceso de investigación que tomó años en ensayos de prueba y error con docenas de participantes en sesiones de la Clínica del Tabaco, S. C., se presentan los resultados certificados ante notario público en este manual y los programas que de él se desprenden. Aquí no encontrará charlas motivacionales, juicios morales, compendios de buenas intenciones, teorías por probar, métodos milagrosos o hierbas mágicas, estos programas le enseñan innovadores conceptos para prevenir que experimente con químicos adictivos y cómo desarraigar la dependencia específica que crea uno de ellos: la nicotina.

Como Alcohólicos Anónimos, la clínica no se opone ni respalda ninguna causa, su objetivo es difundir el mensaje de que con el conocimiento correcto se puede evitar el contacto con sustancias adictivas y también dejar de usarlas para mejorar la calidad de vida del consumidor, sus seres queridos y la sociedad en su conjunto.

En esta obra encontrará las bases de estudios científicos de diferentes disciplinas, llevados a cabo alrededor del mundo por instituciones como la Organización Mundial de la Salud, la Asociación Americana Contra el Cáncer, la Asociación Americana de Psiquiatría, el Hospital Vall d´Hebron en España y múltiples consultores e investigadores en tabaquismo y adicciones a nivel mundial, cuyos resultados no se han manipulado para promocionar un producto o servicio, sino que con el permiso por escrito de los autores, se les cita y extrae lo fundamental para que en términos simples, los programas sean cortos, eficientes y den los resultados esperados de prevención y desarraigo, nada más.

La clínica no convence a nadie para que deje de fumar, beber o consumir sustancias, ayuda a quienes han decidido abandonar la nicotina a lograrlo definitivamente con el conocimiento de causa-efecto y proporciona información preventiva del consumo de sustancias en una amplia gama de contextos. La clínica es pro-vida y trabaja con la convicción de que los hechos pueden aportar en la mejora de la calidad de vida de todos.

Mantener las emociones bajo control y templar el carácter desde la niñez y la adolescencia, permite prevenir el uso de drogas. Pero en medio de la psique del crecimiento y experimentación del mundo, los más jóvenes prueban sustancias como la nicotina, y el problema es ése: probarlas. Las nuevas generaciones entienden mejor y más rápido; pero nosotros no habíamos hecho llegar la información adecuada de manera entendible. La propuesta de estos programas es lograrlo.

Independientemente de la sustancia, sus efectos, síndrome de abstinencia o estatus de legalidad que la sociedad le haya impuesto, la base para seguir consumiéndola es que su química secuestra las prioridades de supervivencia para la motivación, recompensa, ansiedad y estrés en el cerebro. Hay que ver las sustancias por lo que son: modificadores del balance bioquímico natural del sistema nervioso, cuyo uso frecuente crea la respuesta condicionada a eventos que disparan la ansiedad por el consumo, así se desarrolla la racionalización de la dependencia.

Pregunte a cualquier fumador por qué fuma y típicamente responderá: "porque me gusta". Esta es una racionalización engañosa que se esgrime creyéndose, pero la verdad es diferente. A nadie le gusta inhalar monóxido de carbono para proporcionar un vasoconstrictor venenoso al cerebro que es capaz de producir anomalías congénitas, y administrar alquitranes que modifican el ADN celular y provocan cáncer.

Hay referencias de que un nivel socioeconómico menor tiende a una experimentación precoz con sustancias adictivas, lo que genera cambios adaptativos más temprano en el cerebro, creando un mayor nivel de dependencia que se mantiene por más tiempo. Sin embargo, sin importar desde cuándo, cuál, cómo o cuánta sustancia se consuma, o cuántos intentos se hayan hecho por abandonar la dependencia, una recuperación completa es posible para todos.

La Encuesta Nacional de Adicciones 2008 refiere que la nicotina se prueba a los 13.7 años, y ésta es entrada a otras sustancias (como refiere la entrevista de *Notimex* al fundador de la Clínica del Tabaco, Eduardo Hernández difundida en decenas de medios de comunicación nacionales y extranjeros). De no llevar a cabo estrategias eficientes en la prevención y desarraigo del consumo de sustancias (como las propuestas por la clínica en el programa *Aquí y ahora* con Mayté Noriega en UAM Radio, incluidas en este manual), los costos en vidas, su calidad y productividad asociada serán aún más graves. La estrategia más eficiente propuesta por la clínica es el P6P, que se explica en la entrevista hecha por TV Azteca América y MVS (disponibles en www.clinicadeltabaco.org).

La Secretaría de Salud calcula que hay 14 millones de fumadores y 11 millones de mexicanos expuestos al humo de segunda mano. Las vidas que se pierden por tabaquismo al año son más de 65 000. El costo económico para el país es de más de 75 200 millones de pesos (mdp) por diagnóstico, tratamiento y rehabilitación de enfermedades relacionadas con el tabaquismo. Imagine esos recursos en otras necesidades prioritarias del país.

La suma de vidas perdidas y daños que el alcohol y otras drogas ilegales provocan no llega a 10 % de las que cobra el tabaco, pero las estadísticas demuestran que la incidencia en el consumo de mariguana es de 113 veces si ya se fumaba tabaco, y de 32 veces con respecto a la cocaína. Evite que los menores consuman nicotina con el conocimiento correcto, desarraigue a los consumidores con programas que generen resultados, como el P6P, y habrá conseguido sin prohibir lo que para muchos es una utopía: desarraigar el consumo de drogas de la sociedad.

Démosle a la población la información de la mecánica de acción de las sustancias y se sabrá qué hacer al respecto, seguirá el camino que más le convenga, con conocimiento de causa. Nadie es culpable de estar enfermo, pero todos somos responsables de nuestra recuperación.

Dr. Roberto Esteban
Ciudad Juárez, Chihuahua

Índice de contenido

Introducción

La mejor forma de lidiar con las dependencias es evitar que los menores fumen, ya que como fumadores creemos que lo hacemos porque nos gusta o necesitamos fumar.

Cuando fumamos, ingresamos nicotina a nuestro cuerpo, una sustancia muy parecida en su forma química a un neurotrasmisor que trabaja en el cerebro. La nicotina, el alcaloide adictivo que hay en el tabaco de cigarros, puros y pipas, que ponen además en parches, chicles, inhaladores, cigarros electrónicos y pipas de agua, se elimina de nuestro organismo muy rápido, de modo que cada vez que los niveles de nicotina en nuestro cuerpo bajan, el cerebro pide que los subamos, por eso nos dan ganas de fumar. Esas ganas se identifican por la ansiedad que sientes y que se alivia fumando tabaco para consumir nicotina.

Sin embargo, la sensación de placer por fumar y controlar temporalmente la ansiedad que sentimos cuando hemos pasado un tiempo sin fumar, es en parte real. Fumar alivia momentáneamente la angustia que sentíamos, la parte que no conocemos como fumadores activos es que la ansiedad que aliviamos temporalmente es la que nos causó la pérdida de nicotina que ingresó en nuestro organismo por el último cigarro que fumamos. ¿Te das cuenta cómo está hecho el engaño?

Los neurotrasmisores son proteínas que segregan los 100 millones de células neuronales que hay en nuestro cerebro. Hacen que las neuronas se comuniquen unas con otras, excitando o inhibiendo la acción de la siguiente célula conectada en la red neuronal. Los distintos neurotrasmisores tienen diferentes funciones, como sus nombres lo indican: "la hormona de la recompensa" o "la hormona del estrés".

Aquí empieza el problema, la nicotina es tan parecida a uno de estos neurotrasmisores que literalmente secuestra las funciones de este modulador neuronal. Piensa en este modulador como un control de acceso, si se abre (excita) estás a gusto por haber comido, si se cierra (inhibe) estás irritable porque tienes hambre. Cambia las sensaciones que tienes de ingresar o no comida a tu organismo por nicotina y entenderás fácilmente el proceso que se intenta explicar aquí. Nada más que la comida es un nutriente y la nicotina un veneno.

Este control maneja otras cosas además del hambre, entre ellas tu necesidad de beber líquidos porque necesitas hidratarte, te estimula a buscar pareja y a tener intimidad con ella para reproducirte, te hace sentir ansioso cuando te aburres y satisfecho cuando has obtenido algún logro, también te provoca sentimientos compasivos para proteger a los más necesitados, como a niños o desamparados y el de pertenecer a un grupo. Modula tus necesidades básicas como ser humano.

¿Qué pasaría si alguien externo manipulara ese control de acceso sin tu consentimiento? El acceso cerrado o abierto para tus necesidades elementales sería controlado por alguien o algo más. ¿Qué pasa cuando un químico externo manipula tus centros de comunicación cerebral? No se supone que ese químico pudiera estar ahí, el cerebro tiene muchas barreras para protegerse, pero nosotros mismos hemos ingresado la sustancia a nuestro sistema nervioso. Echar humo por la nariz y por la boca parecía tan sugestivo que lo probamos.

Cuando aprendemos a fumar se echa a andar un proceso fisiológico del que no tenemos ningún control porque es el mismo proceso orgánico por el que los humanos somos precisamente eso: humanos. La diferencia es que ahora quien lo modula es la nicotina, no nuestro neurotrasmisor. Comenzamos a estar controlados por un químico externo, que es capaz de excitar o inhibir nuestras sensaciones de ansiedad, estrés, alivio y recompensa, pero porque nosotros mismos, al ser engañados inconscientemente, se lo hemos permitido.

Entrenamos nuestra mente hasta hacerla creer la discapacitante y mortal mentira que es la adicción a un alcaloide vasoconstrictor muy venenoso de sabor amargo: la nicotina del tabaco, cuya administración se acompaña del asalto de potentes tóxicos con gran poder de destrucción para el ser humano: monóxido de carbono (CO) y alquitranes que han sido probados como mutágenos y cancerígenos.

Este manual contiene las indicaciones para mantenerte alejado del tabaco, se usa en conjunto con la abstinencia obtenida en los programas impartidos para tal fin por la Clínica del Tabaco, sirve como introducción y material de continuidad para aquellos que abandonan el cigarro a través de las sesiones. Una vez que las bases del P6P han sido compartidas en la terapia, este material es una herramienta para seguir entre los millones de ex fumadores y no fumadores vivos hoy día.

Como fumadores, no nos gusta cómo nos sentimos cuando no fumamos, por eso encendemos otro cigarro. Otra forma de explicarlo es que nos gusta dejar de sentirnos mal, esto puede sonar a un juego de palabras que intenta engañarte para vender productos milagro o manipular tu conciencia, apostando a lo que sentirás cuando dejes de fumar.

Con el proceso de aprendizaje causa-efecto correcto, dejar de fumar de golpe tiene más de 90% de éxito entre ex fumadores con más de un año de abstinencia absoluta, y más del triple que todas las terapias de remplazo de nicotina, medicamentos o métodos alternativos combinados juntos.

Este manual está organizado para trabajar los programas de Desarraigo del Tabaquismo y Prevención del Abuso de Alcohol y Uso de Sustancias de lo simple a lo complejo, y que la abstinencia de cualquier forma de consumo sea consecuencia de su consulta. Estas partes son:

A) Fundamentos e indicaciones.
B) Racionalizaciones.
C) Respuesta condicionada.
D) Beneficios al abstenerse de la adicción.
E) Entorno social y económico.
F) Cuestiones de tiempo y tabaco.

Los incisos A, B y C se refieren a las bases fisiológicas y conductuales cognitivas de los programas. Los D y E están en extremos opuestos de un péndulo, de una balanza que se inclina conforme se abstenga de fumar o se continúe en el ejercicio de esta peligrosa adicción. El F está en la base del péndulo.

Cuanto más te adentres en este material, más presente tendrás que la adicción a la nicotina es vivir una farsa y cómo la vida mejora al abstenerse del tabaco. Mantendrás presentes las verdaderas razones por las que se fuma, sabrás cómo desarticular las racionalizaciones, olvidarás las asociaciones psicológicas al consumo de cigarro y conocerás las cuestiones que dejas al tiempo y al tabaco. De acuerdo con la Organización Mundial de la Salud (OMS), cerca de seis millones de personas morirán en el mundo en el año 2012 por fumar. Muchos conocen los peligros y quieren dejar de fumar, pero no saben cómo romper con una dependencia que parece complicada y poderosa.

Contrario a la creencia popular, el tabaquismo no es una adicción compleja. Una vez que asimiles el programa de seis pasos te darás cuenta de que el motivo por el cual se fuma es una cortina de humo de cigarro basada en una dependencia fisiológica. Sí, hay muchas personas que fuman hasta su muerte prematura, en promedio 17 y medio años antes de cumplir con su expectativa de vida, pero no es que no podían dejar de fumar, desconocían los pasos del proceso de aprendizaje correcto para abstenerse del tabaco y diluir las ganas de fumar.

Debido a las millonarias ganancias que tabacaleras y farmacéuticas obtienen, las primeras se empeñan en hacernos creer que fumar es un placer que nos hace ver atractivos y rebeldes, y las segundas nos dicen que sin sus productos con nicotina o medicamentos, abandonar la adicción sería angustiante y muy difícil. Pero puedes abstenerte del tabaco y en su caso dejar de fumar mitigando síntomas de abstinencia a la nicotina en un periodo con logros importantes a los tres, 14 y 21 días.

Haz una inmersión en tu programa con mente abierta a la innovación y los nuevos conceptos, reflexiona con honestidad y con buena voluntad obtendrás la comprensión de la información necesaria para abstenerte del tabaco, mejorando tu salud y la de quienes te rodean, evitando que la pérdida de tu vida sea una estadística más del tabaco-cigarro-nicotina.

Capítulo **1**

Fundamentos. Conceptos básicos para entender las adicciones

ANTECEDENTES

¿Qué es la nicotina?

La nicotina debe su nombre a Jean Nicot, quien introdujo el tabaco en Francia en 1560 creyendo que tenía propiedades terapéuticas. Esta molécula es la protección natural de la planta del tabaco para no ser comida por insectos o animales. Su fórmula química es $C_{10}H_{14}N_2$, su punto de ebullición es a 247 °C y su vida media en el organismo varía de 30 minutos a dos horas. Es un alcaloide de la misma familia de la cocaína, morfina y heroína, incoloro en su forma líquida, se torna marrón si se expone al aire y tiene un sabor amargo. Es una súper toxina usada como insecticida en la agricultura, gota a gota tan letal como la estricnina y más mortal que el arsénico o el cianuro. Es casi el doble de tóxica que el veneno de la araña viuda negra y tiene más de tres veces la potencia del veneno de la víbora de cascabel.

Con una simetría asombrosa, sin paralelo natural o artificial, la forma química de este poderoso veneno es muy parecida a la de un neurotrasmisor cerebral llamado acetilcolina e irónicamente es ocho veces más afín a los receptores neuronales de la misma acetilcolina. Una vez que la nicotina está dentro del cerebro, se liga y secuestra los receptores neuronales (receptores neuroquímicos destinados a la acetilcolina) que permiten el control directo e indirecto sobre el flujo de más de 200 neurotrasmisores o neuroquímicos, especialmente de dopamina y noradrenalina.

En la época prehispánica, los sacerdotes ceremoniales la usaban ritualmente para envenenarse hasta alterar su conciencia, y en ese estado, actuar como mediadores de comunicación con espíritus ancestrales, pero la nicotina fue creada por la naturaleza para evitar que las alimañas se alimentaran con la planta del tabaco, ¡no para que nos la fumáramos!

¿Qué es la acetilcolina?

La acetilcolina (ACh) fue el primer neurotrasmisor del sistema nervioso periférico y del sistema nervioso central identificado en 1914 por Henry Hallet, quien recibió el premio Nobel de Fisiología por su trabajo en 1963. En conjunto con la dopamina y la noradrenalina, es uno de los neurotrasmisores más importantes del sistema nervioso.

En el sistema nervioso periférico la acetilcolina activa los músculos y es un neurotrasmisor importante en el sistema nervioso autónomo (vegetativo o involuntario), ahí estimula centros nerviosos situados en la médula espinal, tallo cerebral e hipotálamo. También algunas porciones de la corteza cerebral como la corteza límbica, que apoya funciones como las emociones, el comportamiento y la motivación.

La acetilcolina es un modulador neuronal, una proteína segregada, neurotrasmisor o neuroquímico, encargado de excitar o inhibir la acción de otra neurona. Funciones elementales para mantener la vida dependen de la modulación por medio de la segregación de acetilcolina en la sinapsis neuronal (la cual explicaré un poco más adelante).

¿Qué es la dopamina?

La dopamina es un neurotrasmisor primario de satisfacción y motivación en el cerebro. Las reacciones químicas generadas por la dopamina en la red neuronal del cerebro sirven como un policía bueno. Utiliza el deseo, anhelo o sensación de querer cuando se requiere enseñar una lección de supervivencia necesaria para que nos mantengamos vivos y prosperemos. Es la "hormona de la recompensa". En equilibrio con la noradrenalina, la "hormona del estrés" nos enseña lecciones como "aliméntate", "sacia tu sed" o "busca pareja", fundamentales para la vida.

¿Te has preguntado por qué es tan difícil estar sin comer, dejar de comer hasta la muerte, o para el caso, morir de sed? ¿Por qué buscas la aceptación de tus compañeros, quieres compañía y tienes el deseo de una pareja o de mantener relaciones sexuales? ¿Por qué sientes ansiedad cuando te aburres y tienes una sensación de alivio cuando completas una tarea?

¿Recuerdas cómo te sientes cuando tienes algún logro? ¿Te acuerdas de la sensación de alivio? Esa fue la acetilcolina liberando dopamina al satisfacer el deseo. El interior profundo del cerebro primitivo (la mente límbica) tiene una red de caminos por los que circulan los neurotrasmisores que nos hacen comer, tomar líquidos, estar juntos (hay más seguridad en grupo), mientras que conseguimos logros y nos reproducimos.

Cuando sentimos hambre, nuestra red de acetilcolina está siendo estimulada, de ahí la sensación de "querer" comer. Cada bocado que ingerimos estimula el flujo de dopamina hasta que los péptidos del estómago le dicen al cerebro que sus reservas se han repuesto y el deseo se satisface. Si no comemos, la liberación de noradrenalina tiende a la baja y se transforma en urgencia, y si aún así se mantiene la espera, se genera malestar, que incluye ansiedad y mal humor.

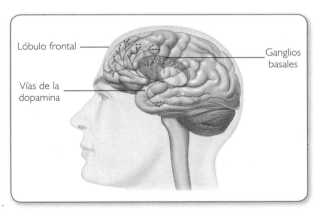

Fig. 1.1. La acetilcolina libera dopamina y ello nos brinda la sensación de satisfacción.

El cerebro asocia y registra cómo cada deseo se satisface de la forma más duradera posible. Lo hace marcando (mielinizando) los caminos que la dopamina ha seguido en la red neuronal para llegar a nuestros bancos de memoria consciente en el lóbulo frontal, donde cada modo de satisfacer los deseos de supervivencia se encuentran grabados.

Nuestro cerebro no se limita a la creación y satisfacción de deseos asociados con eventos de supervivencia, como comer, beber, estar en grupo, cuidar de los más necesitados, la realización y el sexo. También se asegura de que no los olvidemos, para que en el futuro prestemos mucha atención a esas actividades.

¿Qué es la noradrenalina?

La noradrenalina (llamada norepinefrina cuando es sintética) es el otro neurotrasmisor primario de actividad cerebral, se le conoce como "la hormona del estrés". Afecta partes del cerebro para la atención y las acciones de respuesta. Las reacciones químicas generadas por la noradrenalina en la red neuronal del cerebro sirven como un policía malo.

Esta proteína segregada interviene en la respuesta "luchar o huir", es responsable de poner en alerta a nuestro organismo, aumenta de manera directa la frecuencia cardiaca y provoca la liberación de glucosa a partir de las reservas de energía para disponer de la fortaleza suficiente en la batalla o para mantener la carrera que nos aleja del peligro, incrementando el flujo sanguíneo al músculo esquelético y la cantidad de oxígeno recibida en el cerebro.

Cuando se administra norepinefrina, aumenta la presión arterial por su efecto sobre el tono vascular (estimulando receptores neuronales). Este aumento en la resistencia vascular induce un reflejo barorreceptor de activación compensatorio (distiende las arterias carótida y aorta), que supera sus efectos directos estimulantes sobre el corazón, resultando en bradicardia (una baja del ritmo cardiaco).

Una vez que se ha acostumbrado el organismo a una dosis determinada de nicotina, la caída del nivel en sangre de este alcaloide provoca que la liberación de noradrenalina tienda a disminuir, lo que estimula de forma anormal a los receptores neuronales, impactando el flujo normal de dopamina y generando sensaciones de malestar, como: ansiedad, angustia, mal humor, irritabilidad y estrés (las mismas sensaciones que tenemos cuando no se satisface el hambre).

¿Qué es la sinapsis neuronal?

La sinapsis (del griego "enlace") es la unión intercelular especializada entre las células neuronales del cerebro. En estos contactos se lleva a cabo la trasmisión unidireccional del impulso nervioso, éste inicia con una descarga eléctrica en la membrana de la célula emisora, el voltaje provoca la liberación de neurotrasmisores en la terminación de la misma célula y la recepción de éstos por la siguiente neurona.

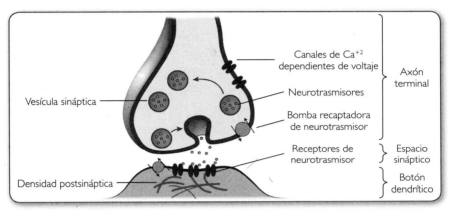

Fig. 1.2. Sinapsis neuronal.

Una vez que esta descarga eléctrica alcanza la conexión con la otra célula (el extremo del axón), la propia neurona (presináptica) segrega un tipo de proteínas (neurotrasmisores) que se depositan en el espacio intermedio (espacio sináptico) entre esta neurona trasmisora y el botón dendrítico de la neurona receptora (densidad postsináptica). Estas proteínas segregadas o neurotrasmisores (acetilcolina, dopamina y noradrenalina) son los encargados de excitar o inhibir la acción de la otra neurona por medio de una nueva descarga eléctrica.

Cuando una necesidad ha sido cumplida, se libera dopamina en la sinapsis, recompensando la enseñanza de continuar llevándola a cabo. Cuando la necesidad se mantiene sin satisfacer, se libera noradrenalina en menor cantidad, generando las desagradables sensaciones de ansiedad, irritabilidad y estrés (todas bien conocidas por los fumadores activos cuando no pueden fumar). Este mecanismo actúa como un maestro interno que nos enseña las prioridades de supervivencia por medio de recompensas y castigos.

MECANISMO DE ACCIÓN DE LA NICOTINA

Ahora reflexionemos sobre esto: ¿Qué pasaría si un químico externo (nicotina) burlara todas las barreras de protección y entrara a nuestro cerebro con la capacidad de activar y desactivar nuestra red de circuitos de dopamina y noradrenalina? Pasaría que tendríamos hambre de alimentos, hambre de nicotina. Ganas de comer, ganas de fumar. Deseos y necesidades satisfechos al masticar alimentos, sensación "¡aaah!"; deseos satisfechos por inhalar humo de cigarro y reponer reservas de nicotina, sensación "¡aaah!".

¿Podría ese producto químico secuestrar las prioridades de la mente? ¿Cuánto tiempo pasaría antes de continuar con el uso de químicos como resultado de la totalmente falsa convicción de que el empleo de más sustancia química es tan importante como comer alimentos?

Es el mismo patrón del entrenamiento canino con base en premiar con galletas una conducta deseada (estímulo por dopamina), como sentarse a la orden y castigar con periodicazos (malestar por disminución de noradrenalina) una conducta no deseada, como orinarse dentro de la casa. Fumas: más dopamina, no fumas: menos noradrenalina = sensaciones desagradables o síntomas del síndrome de abstinencia a la nicotina.

Bienvenidos al engañoso universo de los adictos a las sustancias químicas, un mundo construido con base en la manipulación de nuestros centros elementales de recompensa y estrés para subsistir. La realidad es que si no comemos alimentos morimos, pero si dejamos de usar nicotina prosperamos. Los alimentos son nutrientes, la nicotina es un poderoso veneno.

Mientras que tus amigos y seres queridos gritan la locura de tu continua autodestrucción, tus vías neuronales en el cerebro gritan aún más fuerte que continuar con el consumo de nicotina es tan importante como la vida misma.

¿A quién le vas a hacer caso? ¿A tu mente límbica exigiendo la siguiente dosis de nicotina o al mundo exterior pidiendo que te detengas? El objetivo del programa de prevención es evitar que el no fumador entre en contacto con la nicotina, y el del programa de desarraigo es proporcionar al fumador, aún cautivo en la adicción a la nicotina, indicaciones claras para dejar de fumar. Un juego de herramientas con información adecuada para que el individuo mantenga un compromiso personal con la decisión que más le convenga y conscientemente desarraigue la ansiedad inconsciente de fumar.

LA ADICCIÓN A LA NICOTINA ES UNA ENFERMEDAD CRÓNICA INCURABLE, PROGRESIVA Y MORTAL

La definición anterior de las adicciones por la Organización Mundial de la Salud (OMS) arroja por sí misma luz a la solución del problema. Aunque somos capaces de detener la adicción química con el conocimiento que enseñan los programas de la Clínica del Tabaco, no hay cura, una vez creada, es permanente. Entrenado el cerebro a trabajar con nicotina, detener la adicción te convierte en un ex fumador, nunca podrás considerarte un no fumador.

No es cuestión de cuánta fuerza de voluntad tenemos, sino de cómo el cerebro aprende prioridades, cómo los nervios y vías de la memoria celular que registraron años de alimentación de nicotina han dejado un camino construido en cada uno de nosotros (una vía neuronal mielinizada), esperando por más sustancia química.

Una pregunta que me hacen frecuentemente es: ¿Por qué algunas personas pueden fumar socialmente y ser capaces de tomarlo o dejarlo, mientras que el resto de nosotros se engancha? Los primeros casos probablemente representan menos de 20% de los fumadores. ¿Celoso? Si es así, no te preocupes, es normal. Eso es lo que nuestros esclavizados cerebros adictos al tabaco tienden a soñar, a desear ser como ellos, controlar lo que para nosotros es incontrolable.

Antes de sentir lástima por ti, imagina lo que es ser un alcohólico obligado a ver aproximadamente a 90% de los bebedores hacer algo que tú no puedes: darte la vuelta e irte. Sólo tienes que ver ese porcentaje de fumadores ocasionales que no se encadena al consumo de nicotina.

Se cree que ser inmune a la adicción a la nicotina al menos en parte está relacionado con la genética o con la forma química de la acetilcolina y sus receptores en estos individuos. Sin embargo, con hasta 90% de usuarios enganchados sólidamente todos los días, gastar millones en estudiar la genética de dependencia a la nicotina es de poca utilidad si no se desarrollan estrategias con base en esos estudios para hacer que por fin la gente deje de fumar y se mantenga así. Como descubrirás durante la inmersión al programa, la propuesta del P6P es precisamente ésa.

Por otra parte, los fumadores no estuvimos encadenados siempre, al menos con nuestro primer cigarro no había necesidad, deseo, ansia o hambre de las primeras fumadas. La nicotina estimuló al sistema nervioso de nuestro cerebro sin que éste pidiera que regresáramos y lo hiciéramos de nuevo. No hubo sensación de alivio por dopamina, ya que no faltaba nada, no era necesario reponer nada y la noradrenalina se liberaba normalmente. Pero habíamos echado a andar un proceso fisiológico sobre el cual el tiempo probaría que no tendríamos ningún control.

La mayoría de nosotros quedó enganchado mientras éramos niños o adolescentes. Entre los 10 y 16 años somos más vulnerables, porque aún no se han mielinizado y establecido las conexiones neuronales necesarias para que el cerebro eche mano de todos sus recursos en la resolución de problemas, aún trabajábamos con partes aisladas del cerebro y ya estábamos entrenándolo a trabajar con nicotina. Por supuesto que antes de ese primer contacto con la nicotina como jóvenes no sabíamos que fumar tabaco era extremadamente adictivo.

Hace 30 años, cuando la tomografía por emisión de positrones (PET, por sus siglas en inglés) no estaba disponible, no se conocía que en menos de 10 segundos de esa primera fumada, más de la mitad de los receptores de acetilcolina en la red neuronal y circuitos de dopamina en nuestro cerebro se vería inundada con nicotina, especialmente en la zona central del cerebro; que en un sujeto de estudio tres fumadas desplazan 75% de un marcador de contraste de los receptores neuronales, que antes de terminar ese primer cigarro la nicotina los habría saturado casi a todos ellos, y que la nicotina de tres cigarros habría desplazado prácticamente todo el marcador del líquido de contraste.

De acuerdo con los estudios del doctor Arthur Brody, profesor investigador del Instituto de Investigación Cerebral en la Universidad de California en Los Ángeles (UCLA), colocar un líquido de contraste en el cerebro de un fumador permite identificar cómo mientras se inhala el humo de la combustión del tabaco, la nicotina ocupa los receptores nicotínicos acetilcolínicos Alfa 4 Beta 2 (nACh $\alpha 4\beta 2$) en la red neuronal, haciendo que la marca del líquido de contraste se desplace, lo que demuestra cómo el alcaloide copa rápidamente a nuestro cerebro, especialmente al tallo cerebral.

Una vez que los receptores estuvieron saturados, continuar fumando causó que nuestro cerebro experimentara complejos cambios adaptativos, desarrollando receptores neuronales de acetilcolina adicionales para dar cabida a las funciones normales de operación del sistema nervioso, proceso conocido como sobrerregulación, y a que dichos receptores se desensibilizaran, eso ocasionó que se necesitaran cantidades mayores de nicotina para experimentar las sensaciones asociadas con fumar.

Al tiempo nos encontramos fumando cada vez más sin experimentar las sensaciones de placer (por aumento de dopamina) que obteníamos al principio, sino mitigando temporalmente los síntomas (por caída de noradrenalina) de la falta de nicotina en nuestro cerebro.

Sin embargo, este alcaloide venenoso se elimina con bastante rapidez. De 30 minutos a dos horas (inversamente proporcional al tiempo y la cantidad de tabaco que se ha consumido), el nivel de nicotina que permanece en nuestra circulación sanguínea se reduce a la mitad (vida media de la nicotina). De modo que el proceso de estimulación continúa por la reposición de nicotina; la sobrerregulación y la desensibilización de nuestros receptores neuronales dejaron a nuestro cerebro queriendo y pidiendo más. El *cuatrero* con enfisema te recibe con beneplácito económico en su mundo. Nuestro cerebro ha aprendido a funcionar con cantidades cada vez mayores de nicotina.

Con las prioridades secuestradas, nuestro desorden mental nos dejó totalmente convencidos de que esa dosis de nicotina era tan importante como la vida misma, ¿qué hacemos cuando nuestra conciencia despierta y nos damos cuenta de que hemos sido engañados?

SI ES UNA ENFERMEDAD INCURABLE, ¿QUÉ PODEMOS HACER?

Hay que dejar de racionalizar que el cigarro ayuda a reducir nuestra ansiedad, que maneja el estrés, y entender que el tabaco nos provoca ambas cosas. Cuando creemos que reducimos la ansiedad y manejamos el estrés es cierto, pero la ansiedad que reducimos y el estrés que manejamos son por la pérdida de nicotina. ¿Ves la trampa? Está hecha con un hilo podrido, un palito de paleta usado y una caja rota de zapatos. Tenemos ganas de fumar porque metimos nicotina al organismo, si dejamos de proporcionar nicotina al cerebro, dejaremos de sentir ganas de fumar.

La ansiedad y el estrés de la vida seguirán estando ahí, fumemos o no, pero al fumar agregamos ansiedad y estrés por la necesidad y angustia de reponer nicotina en el torrente sanguíneo. Da un salto de fe y pruébalo dejando de fumar, al cuarto día te darás cuenta de que tus anhelos por fumar han descendido mucho, en dos semanas tendrás una mente más tranquila para enfrentarte al estrés de la vida con un temperamento más calmado.

Lo mejor que puedes hacer es poner de tu parte, y ahora sí, usar con conocimiento de causa tu fuerza de voluntad para pasar por el periodo de desintoxicación y no ceder a la respuesta condicionada de fumar que has asociado con diferentes eventos. Más adelante hablaremos de cómo aprendimos a relacionar esos eventos.

La nicotina se excreta rápidamente del cuerpo y cada vez que los niveles de nicotina en la sangre bajan, necesitas un cigarro, ¿cómo alivias los síntomas del síndrome de abstinencia? ¡Fumando! Vas y prendes un cigarro y vuelves a iniciar el ciclo consumo-liberación-ansiedad. ¿Cuántos años o décadas tienes en ese ciclo? ¿Qué debes hacer para dejar de fumar? Dejar de proporcionarle al cerebro nicotina y en unas pocas semanas todo estará bien. Para obtener resultados diferentes hay que hacer cosas diferentes. En lugar de meter nicotina al ciclo, vamos a dejar que el cuerpo la elimine por completo metabolizándola en otros compuestos (como cotinina o nornicotina) y excretándola a través de la orina, el sudor y la saliva.

Esa es la buena noticia, todo es falso: la adicción a la nicotina es vivir una mentira. El conocimiento es poder. Cada fumador puede ser más inteligente que la seudofortaleza de la adicción y sin importar desde cuándo fumes, cuánto fumes o cuántos intentos hayas hecho por dejar de fumar, una recuperación completa es posible para todos.

De hecho, aunque las tabacaleras más poderosas están en Estados Unidos, actualmente hay más ex fumadores que fumadores en ese país (aproximadamente de 45 a 47 millones). En la terapia interactiva puedes dejar de fumar ¡de una vez! Con el conocimiento que comparto contigo en este manual puedes dar mantenimiento de largo plazo a tu enfermedad ¡para siempre! ·

Lo que haremos es simple: una vez entendida la mecánica de acción de la nicotina, vamos a armarnos con las razones conscientes que harán del desarraigo de la adicción inconsciente un proceso que no tiene por qué ser angustiante o estresante, para dejar de racionalizar y justificar la dependencia al tabaco. Al contrario, cada día que pases sin fumar estarás y te sentirás mejor. Si dejas de fumar ahora, lo peor ya pasó, si sigues fumando, lo peor está por venir.

Mientras que al principio se pueden sentir muchos deseos por fumar (que no durarán más de tres minutos), cada día que pasa los desafíos disminuirán, siendo las ganas de fumar menos intensas y más cortas en duración. El pico del síndrome de abstinencia a la nicotina es de unos días nada más.

La rehabilitación de 14 días conduce a una mente más calmada y tranquila, donde la adicción al tabaco y deseos por fumar poco a poco se desvanecen, en los que el ex fumador comienza a pasar semanas sin ganas de fumar. Entre los 21 y 28 días habrás forjado el hábito de ser un ex fumador.

La recuperación de los primeros días es buena, no mala. La desintoxicación es para ser abrazada, no temida. La buena noticia es que cualquier actividad que hacías bajo la influencia de la nicotina podrás hacerla mejor sin ella. El síndrome de abstinencia por dejar de ingresar nicotina a tu organismo es predecible y mitigable. Créeme, no es tan malo como nos lo han hecho creer. Con el conocimiento que ahora comparto contigo, lograrás liberarte más fácilmente que yo.

Los síntomas por dejar de fumar no tienen comparación con las consecuencias que habrá si sigues haciéndolo, es cuestión de tiempo y tabaco. Sabemos que fumar nos está matando poco a poco, pero ignorábamos cómo dejar de hacerlo y le atribuíamos cualidades al cigarro. Ahora ya comprendemos ambos argumentos y hay nuevas reglas en el tablero. Hemos coronado un peón y tenemos otra reina en juego.

Nuestro cerebro tiene una asombrosa capacidad de recuperación, en tres semanas de no consumir nicotina los receptores neuronales que se han incrementado (sobrerregulación) por su uso, regresarán al mismo nivel (autorregulación) que hay en los cerebros de no fumadores y recuperarán su sensibilidad natural.

La persona adicta es responsable de la enfermedad que padece, eso incluye madurar para mantener las emociones estables, atemperarlas y conseguir que la adicción se diluya. No hay que remplazar ni tomarse nada, sólo debes dejar que el cuerpo excrete o metabolice por sí mismo toda la nicotina presente en el sistema nervioso o en el torrente sanguíneo.

Cuando no haya más nicotina en tu cuerpo y hayas dejado de justificar la dependencia y desasociado la respuesta condicionada, tendrás un despertar que podrías considerar espiritual, tu autoestima crecerá de una manera que no te has imaginado, porque habrás conseguido lo que para tantos otros ha sido imposible: dejar de fumar por medio del conocimiento aplicado a resultados.

PODEMOS ABSTENERNOS DEL TABACO
CON EL PROGRAMA P6P

Cada año más ex fumadores exitosos dejamos de fumar de golpe, de forma consciente, a diferencia de todos los demás que usan otros métodos combinados.

Las encuestas reflejan que 70% de los fumadores quiere parar de fumar o que sus hijos no empiecen nunca y 40% de ellos ha hecho en los últimos 12 meses un intento serio por abandonar la adicción sin conseguirlo. Pocos entienden cómo, y aún menos aceptan que están lidiando con una enfermedad mental y un desorden en la asignación de prioridades de supervivencia. Pero en lugar de tratar de comprenderlo con mente abierta y buena voluntad, ceden a la respuesta condicionada de prender otro cigarro y argumentan racionalizaciones para justificar la dependencia, explicándose a sí mismos por qué tienen que fumárselo.

Subconscientemente hemos asociado la respuesta condicionada de encender un cigarro para consumir nicotina a diferentes eventos, sucesos que disparan las ganas de fumar al encontrar un tiempo, lugar, persona, situación o emoción.

¿Te acuerdas del experimento de respuesta condicionada de Iván Pavlov? El catalizador y la base para la racionalización y el subconsciente condicionado es la dependencia a la sustancia química. El tabaco no suma, por el contrario, resta.

Atrapados entre la vida media de eliminación de nicotina cada 30 minutos y dos horas, y una escalada gradual con necesidad de fumar más, los fumadores adictos podemos quitarnos las cadenas y obtener las llaves de la prisión donde el cigarro nos ha atrapado todo este tiempo por medio de seis pasos sugeridos de recuperación:

1. Reconocer que hay una adicción química.
2. Abandonar racionalizaciones por las que se justifica fumar.
3. Desaprender la respuesta condicionada a eventos.
4. Decidir dejar de fumar y mantenerse sin fumar.
5. Mitigar el síndrome de abstinencia a la nicotina.
6. Prevenir la recaída.

Con esas piezas armamos un mapa de ruta para mantenerte libre del tabaquismo. En la terapia interactiva obtienes las llaves que abren la celda en la que el cigarro nos había mantenido cautivos todo este tiempo, y ahora tienes además el conocimiento que previene la recaída. Podrás aplicarlos cuando quieras, aunque, ¿para qué seguir enganchado a una adicción peligrosa que ya desenmascaraste? Hay que dejar que la nicotina salga de tu cuerpo y entender el proceso por el que pasarás los siguientes días de haber apagado tu último cigarro.

ORACIÓN DE LA SERENIDAD

La oración de la serenidad es un mantra para toda ocasión imaginable: una brisa refrescante en una cara enrojecida por la ira, una corta canción de gratitud por buenas nuevas, una guía consoladora ante malas noticias, la seguridad reconfortante de que el mundo se desenvuelve como debe ser. Úsala siempre que sientas la necesidad aparentemente irresistible de encender un cigarro, especialmente durante los primeros días del proceso de desintoxicación y desarraigo de la adicción.

Esta oración es socorrida en los programas de recuperación –que si bien no son religiosos, ya que cada quien puede tener su propia concepción de un poder superior, sí son espirituales– donde todas las creencias tienen cabida. Bill W., cofundador de Alcohólicos Anónimos, dijo de ella: "Nunca habíamos visto tanta sustancia de A. A. en tan pocas palabras."

En el libro *A. A. llega a su mayoría de edad*, Bill cuenta que en 1942, Ruth Hock, no alcohólica y primera secretaria nacional de A. A., enseñó, a él y a otros que se encontraban en una pequeña y abarrotada oficina en Nueva York un obituario que apareció en el *Herald Tribune* que terminaba así: "Señor, concédeme serenidad para aceptar las cosas que no puedo cambiar, valor para cambiar las que sí puedo y sabiduría para reconocer la diferencia."

El P6P es una metodología fisiológica y conductual cognitiva apoyada en el método científico que además echa mano de la oración, meditación y espiritualidad para ayudar a mantener las emociones en su justa medida y así diluir la adicción para tener una vida mejor, más útil y feliz. Al aplicar el programa cambias tus cigarros por un carácter más templado y tranquilo, manejando las situaciones cotidianas con mayor eficiencia que cuando fumabas.

Capítulo 2

Prevenir la experimentación con nicotina y otras drogas

¿POR QUÉ EMPEZAMOS A FUMAR?

Típicamente por responder con cierta inquietud, pero afirmativamente a la pregunta de ¿quieres un cigarro? Ya habíamos oído que el cigarro era "malo" para nosotros, pero sin una clara conciencia de lo que eso significaba, en un acto inocente de pertenencia con quien en ese momento era mayor o parecía más maduro; esto se vislumbra en un horizonte lejano. La legítima aspiración al reconocimiento personal y de aceptación de nuestros compañeros hicieron a la gran mayoría de los fumadores activos experimentar con el tabaco. En muchos casos aprendemos con base en ensayos de causa y efecto en nuestro medio ambiente, un proceso de prueba y error que va forjando el conocimiento de nuestro entorno y nos da la información adecuada para una correcta toma de decisiones. Se nos enseña, probamos y aprendemos.

Pero en el caso del tabaco la curiosidad mató al gato, literalmente. Mientras que quien nos ofrece un cigarro puede ser tan ignorante como nosotros mismos respecto del alto potencial adictivo de la nicotina, porque en ese momento desconocíamos que los estudios reflejan que de cada 10 usuarios de tabaco, ocho se hacen adictos a la nicotina. Como referencia diremos que el alcohol hace adicto a 10% de sus usuarios, la mariguana engancha sólidamente a dos de cada 10 consumidores, las metanfetaminas y drogas sintéticas pueden enganchar a cuatro de cada 10, y los derivados del opio y alcaloides como heroína y cocaína a 50% de sus usuarios. Con esos criterios, la nicotina es la más adictiva de todas las sustancias adictivas naturales o sintéticas conocidas por el hombre.

En un intento por demostrar independencia, aspirar al éxito personal, buscar ser más atractivo para el sexo opuesto, parecer interesante, representar una actitud rebelde o glamorosa, ingresamos nicotina al sistema nervioso central, y como se explicó en los fundamentos, la forma química de este peligroso alcaloide es muy parecida a la del neurotrasmisor primario acetilcolina, lo que liga con ocho veces más fuerza los receptores destinados para éste. Por eso es que después de haber consumido de tres a cuatro cigarros, 26% de los fumadores activos perdió el control sobre su consumo de tabaco, y ese porcentaje aumentó a 44% al fumar de cinco a nueve cigarros; 82% de los usuarios regulares de tabaco ya lo era al cumplir 18 años.

Casi cualquier fumador recuerda su primer cigarro. Aunque para muchos la experiencia fue completamente desagradable, y la idea de que no habría manera de que se repitiera rondaba nuestra cabeza, la adicción a la nicotina poco tiene que ver con que nos guste inhalar gases tóxicos y partículas cancerígenas e ingresar un vasoconstrictor venenoso al cerebro.

¿Libertad de elección? ¿Cómo puede alguien argumentar en ese sentido cuando la voluntad consciente se encuentra sometida en este secuestro de la asignación de las prioridades de supervivencia? ¡Ah, no! Ese es un argumento de la industria tabacalera para justificar la permanencia de un rentable negocio de miles de millones de dólares. Nunca decidimos fumar regularmente, accedimos a probar el tabaco, lo demás quedó en manos de una fuerte dependencia química que manipula los centros de comunicación cerebral de recompensa, alivio, ansiedad y estrés.

Nadie empieza fumando una cajetilla de cigarros al día, eso es cuestión de tiempo. Conforme la nicotina ingresa a nuestro cerebro, éste intenta protegerse. A pesar de tener las prioridades de supervivencia alteradas por este insecticida, se las ingenia para llevar a cabo los cambios adaptativos que explicamos en los fundamentos, de otra forma no podríamos sobrevivir. Las razones por las que se empieza a fumar no son las mismas por las que se sigue fumando.

PREOCUPANTES TENDENCIAS DEL TABAQUISMO INFANTIL Y PREADOLESCENTE

El problema principal es que mientras más joven se es, las conexiones neuronales para echar mano de todos los recursos del cerebro están menos formadas. Es el proceso de maduración normal del ser humano: no contamos con los recursos potenciales de la capacidad total de nuestro cerebro hasta entrados los 30 años. Por eso ingresar nicotina al sistema nervioso en pleno desarrollo es tan preocupante, ya que a menor edad de inicio del consumo, mayor es el problema que se tiene para desarraigar la adicción y se consume el alcaloide por más tiempo, en muchos casos años, en otros, décadas.

El tabaquismo adulto ha declinado en los últimos 30 años en los países desarrollados y mantiene un crecimiento de 3.5% en las naciones en vías de desarrollo. En 1964, 52% de los hombres y 34% de las mujeres fumaban en EUA. A la fecha, 25% de los adultos en EUA fuman cigarros (28% de los hombres y 23% de las mujeres). Los últimos datos disponibles en México por parte de la Secretaría de Salud en la Encuesta Nacional de Adicciones 2008 reflejan que 20.4% de la población urbana consume al menos siete cigarros al día (29.8% de los hombres y 11.8% de las mujeres), con una edad promedio de inicio de 13.7 años.

Mientras la batalla por el consumo de tabaco tuvo importantes avances en las pasadas tres décadas, la guerra contra el tabaquismo está lejos de terminar. Por ahora, los esfuerzos de salud pública tienen un nuevo frente: la juventud, que es blanco de tabacaleras y ahora los niños y preadolescentes, quienes comienzan a fumar en números récord y a edades más tempranas. Las estadísticas son abrumadoras, y si no se llevan a cabo estrategias contundentes para revertir las tendencias, los costos médicos, económicos y sociales en la niñez y adolescencia en todo el resto del país continuarán siendo altísimos.

Considera los siguientes hechos:

- La OMS calcula que en 2012 el tabaquismo costará la vida a más de 6 millones de fumadores. Más de 443 mil de ellos en EUA, más de 65 mil en nuestro país.
- México gasta más de 75 200 millones de pesos (mdp) cada año en diagnóstico, tratamiento y rehabilitación de enfermedades relacionadas con el tabaquismo.
- Nuestro país recauda por impuestos al tabaco unos 32 400 mdp. Significa que los contribuyentes aportamos más de 42 800 mdp a esta poco conveniente operación, cuyo déficit anual es de 10 400 mdp.

- 82% de los adultos que alguna vez fumaron, consumieron su primer cigarro antes de cumplir 18 años. Cuatro de cada cinco fumadores eran consumidores regulares de tabaco a esa edad.
- El tabaquismo entre estudiantes de preparatoria en EUA ha aumentado 50% desde 1991. En México, 14.9% de los adolescentes ha probado el cigarro.
- En EUA, 71% de los estudiantes de preparatoria ha intentado fumar y cerca de un tercio de ellos fuma (al menos un cigarro en los últimos 30 días).
- Aunque sólo 5% de fumadores entrevistados en preparatoria dijo que consideraba que seguiría fumando cinco años después, cerca de 75% de ellos continuaba fumando cinco a siete años más tarde.
- Cada día, cerca de 3000 jóvenes estadounidenses y 180 mexicanos se vuelven fumadores regulares. De los que continúen fumando, cada 24 horas morirán prematuramente 1200 en EUA y 178 en México por enfermedades relacionadas con el tabaquismo.
- De 1000 fumadores de 20 años que continúen fumando, seis morirán prematuramente por homicidio, 12 en accidentes automovilísticos y 500 perderán un promedio de 17.5 años de su expectativa de vida por fumar.

Los chicos están fumando más. ¿Se les está enseñando y ellos comprenden las implicaciones a corto y largo plazos del consumo de tabaco? ¿Entienden los riesgos a la salud comparados con otras actividades peligrosas? ¿Tienen idea de la capacidad adictiva de la nicotina? ¿Saben que si inocentemente experimentan con el tabaco aunque no tengan intención de fumar, pueden engancharse y ser incapaces de dejar de fumar?

Con las estadísticas anteriores, pareciera que no lo saben. ¿Qué es lo que saben los jóvenes del tabaco? Tenemos referencia de que 30% de los niños de tres años y 91% de seis años pueden identificar al camello *Joe* como símbolo de fumar y las estadísticas demuestran que los niños están empezando a consumir nicotina en números récord. Sabemos que los niños están efectivamente siendo blanco de un mensaje sobre el tabaco, pero no es el mensaje que necesitan escuchar.

Fig. 2.1. Mostrador principal en una tienda de conveniencia.

Es responsabilidad de las familias, sociedad, instituciones y gobiernos deshacer la influencia de las multimillonarias campañas de promoción que las tabacaleras dirigen a la juventud. Debemos contrarrestar los mitos con los hechos, tenemos que difundir ampliamente el mensaje de que los cigarros son mortales y la nicotina es altamente adictiva.

LA NICOTINA ES PUERTA DE ENTRADA A OTRAS SUSTANCIAS

La nicotina es un teratógeno fetal, esa es una razón mucho más importante para desarraigar el tabaquismo en el embarazo que el bajo peso del recién nacido: al estimular los receptores neuronales del nonato con este alcaloide, se pavimenta con este tóxico venenoso un camino que tiempo después será más fácil andar. Una mujer que fuma estando embarazada hace adicto a la nicotina al feto desde el útero materno.

Los jóvenes tienen referencia de que muchas cosas son dañinas para ellos. Pero el tabaco tiene su propia categoría de "malo". Entre más jóvenes tengan acceso a esta información en toda su extensión, más tendrán las herramientas necesarias para decir "no". El peligro de no entender la adicción a la nicotina conduce a lo que es visto por muchos niños y algunos adultos como la experimentación inofensiva y natural con esta sustancia "de grandes". La experimentación con nicotina no puede ser considerada como inofensiva o como un rito de paso de la niñez a la preadolescencia.

¡La nicotina es la más adictiva de las sustancias adictivas naturales o sintéticas conocidas por el hombre! Más de 80% de los niños que experimenten con la nicotina se hará usuario regular y muchos de ellos experimentarán tolerancia y síntomas de abstinencia en meses de haber probado su primer cigarro. Lo anterior no puede ser subestimado. Estos son indicadores de adicción. En contraste, el alcohol tiene un potencial adictivo de aproximadamente 10% entre sus usuarios. Las probabilidades están en contra de los jóvenes si empiezan a fumar, y si las tendencias continúan, las posibilidades de que niños y preadolescentes (incluyendo a tus hijos) comiencen a fumar, se están incrementando.

La adicción a la nicotina es responsable de más muertes que todas las adicciones a drogas "duras" ilegales, como: mariguana, cocaína, heroína, opio y sus derivados, metanfetaminas y el legal alcohol ¡sumados! Así que la sensación de que fumar tabaco no es tan malo como el uso de otras drogas es un retorcido sentido de la lógica. El niño en realidad está utilizando una droga muy adictiva y alterando el balance químico natural de su cerebro, aunque es justo decir que es una droga con la que no va a tener mayores problemas con la ley.

Las personas que usan sustancias adictivas son muy frecuentemente fumadoras de cigarros y el tabaquismo precede y puede ser predicción de experimentación con drogas ilegales. Una vez más, el problema no es que nos guste o no la experiencia con la sustancia en cuestión, el problema es alterar la estructura normal del sistema nervioso central a nivel neuronal por los cambios adaptativos a los que nuestro cerebro debe acoplarse para seguir funcionando normalmente. Se desarrolla tolerancia porque los receptores neuronales se regulan a la alza y se desensibilizan, además de que la liberación normal de dopamina, serotonina y noradrenalina se ve comprometida. Se crea una necesidad fisiológica de la que se ha probado no hay control consciente y de la que nacen las corrientes psicológicas que justifican la dependencia a la droga.

La mejor forma de combatir el abuso de todo tipo de sustancias y vivir mejor no es una costosa guerra permanente contra el narcotráfico, es evitar que los menores se inicien en el consumo. Impide que se experimente con el tabaco y habrás asegurado que en 99% de los casos no se trate con otro tipo de drogas ilegales. Esa es la clave para desarmar las adicciones: desarticular la necesidad fisiológica y psicológica de consumir sustancias con base en la estabilidad emocional y la paz mental que el temple y la maduración que se brinda por medio de la prevención y la educación a la población en general. ¿Demagogia? Ahí están los resultados de los programas de prevención y desarraigo del tabaquismo que la Clínica del Tabaco ha puesto en la mesa a consideración de la opinión pública, tangibles y certificados ante notario público.

La Encuesta Nacional Domiciliaria de Abuso de Drogas en EUA reportó un incremento de 32 veces en la incidencia del uso de cocaína en jóvenes de 12 a 17 años que fumaban cigarros todos los días en comparación con aquellos que nunca fumaron nicotina. Aún más impresionante, se reportó un incremento de 113 veces en el uso de mariguana.

El reconocido científico Eric Kandel refiere haber encontrado que virtualmente todas las personas que usaron alguna vez drogas ilícitas como mariguana y cocaína, habían consumido previamente drogas lícitas como tabaco y alcohol. "Aunque algo de uso de alcohol puede preceder al uso del tabaco, es el previo uso de tabaco y no de alcohol lo que emerge como el predictivo más fuerte del uso de drogas ilegales."

La importancia de estas declaraciones es relevante. Dar el visto bueno al consumo de tabaco como una alternativa aceptable respecto al uso de otras drogas ilícitas puede dar lugar a experimentar y establecer la adicción a una sustancia de las que los padres tienen más temor.

En la Universidad de Arkansas, el doctor Ginzel habló acerca del "papel fundamental del tabaco como una parte integral del proceso adictivo" y dijo que: "Al ver el tabaco como una puerta de entrada al uso de otras sustancias adictivas, no hay que olvidar que el tabaco ha causado la muerte de más personas que las que han sido víctimas de todas las otras drogas y el alcohol juntos. La continua falta de conciencia de la magnitud del problema del tabaquismo en la población en general es una lástima, pero la falta de comprensión y acción apropiada por parte de aquellos que pretenden hacerse cargo del problema de drogas de las naciones, es intolerable e inexcusable."

Se deben llevar a cabo programas específicos para la comunidad educativa en general y deben ser apoyados por los padres para evitar el uso precoz del cigarro, en un esfuerzo por reducir las consecuencias para la salud a largo plazo, así como minimizar los riesgos que amenazan la calidad de vida y la vida misma por el uso de otras sustancias ilegales. Si tienes hijos o nietos en las escuelas, o si tú mismo eres miembro de la facultad, por favor considera la aplicación de estos programas para el fomento de la prevención y el desarraigo del tabaquismo en tu entorno escolar.

Si tienes niños que saben que fumas o que alguna vez fumaste, nunca debes hacer distinciones entre el tabaco y otras drogas al tratar de racionalizar la legitimidad de fumar cigarros sobre el consumo de las otras sustancias. Los niños reconocerán y se alimentarán de la hipocresía de que tu lógica está bien para ti, pero no para ellos. Por el contrario, procura decir la verdad en cuanto a la falta de conocimiento sobre el tema y la ignorancia que te hizo al principio experimentar con el tabaco y que te llevó a las garras de una adicción que deseas abandonar y mantenerte libre por el resto de tu vida.

La adicción a la nicotina tiene tal poder de dependencia, que si llega a tener el control de tus decisiones conscientes, te costará la vida si le das la oportunidad. Serás una estadística más por su consumo.

Con base en los programas de prevención y desarraigo que la Clínica del Tabaco ofrece, desarrolla un sentido de comprensión en tus hijos de lo fácil que es perder el control de una sustancia adictiva, por tabaco, con un potencial adictivo de ocho de cada 10 usuarios (PA 8/10), alcohol (PA 1/10), mariguana (PA 2/10), metanfetaminas (PA 4/10), heroína (PA 5/10), cocaína (PA 5/10), o cualquier otra droga que aparezca disponible en el futuro.

PARA EVITAR QUE SE EXPERIMENTE CON EL TABACO

Los programas escolares de salud tienen que alentar a niños y adolescentes que no han experimentado con el tabaco de seguir absteniéndose de cualquier uso. Para los jóvenes que han experimentado con el uso del tabaco, o que ya son usuarios regulares, los programas de salud escolar deben permitir y fomentar que se detenga de inmediato cualquier uso que los atañe. Para aquellas personas que no pueden dejar de fumar, el P6P les permite obtener ayuda adicional para dejar de fumar con éxito y abstenerse en el futuro de consumir nicotina por cualquier vía.

Los programas diseñados por la Clínica del Tabaco para prevenir el consumo de nicotina se podrían convertir en una de las estrategias más eficaces para reducir el tabaquismo en los más jóvenes. Los lineamientos que dichos programas de salud escolar siguen para prevenir el consumo de tabaco y el desarraigo de la adicción, son:

1. Desarrollo y aplicación de políticas escolares sobre el consumo de tabaco, explicando racionalmente las muchas razones para abstenerse de consumirlo, que sean además congruentes con la legislación vigente en el país respecto al control de su uso.

2. Proveer educación continua a la comunidad sobre las consecuencias fisiológicas, psicológicas, sociales y económicas a corto y largo plazos del consumo de tabaco, la influencia social que propicia experimentar con nicotina, las normas entre compañeros respecto al tabaco y el desarrollo de habilidades de rechazo a la promoción del consumo por parte de la mercadotecnia tabacalera, adultos y/o compañeros fumadores.

3. Proporcionar formación para la prevención del uso del tabaco desde primaria hasta preparatoria. Siendo cada vez más intensa conforme se avanza en los grados académicos. El problema no es que los chicos no entiendan el daño que el tabaco provoca, sino que en el pasado no hemos sido efectivos en hacer llegar –de forma asequible y en términos claros para ellos y su cambiante entorno en crecimiento– el mensaje de que con el conocimiento correcto, la mejor opción es mantenerse alejados del tabaco.

4. Creación y aplicación de programas de entrenamiento específicos para el personal administrativo, profesores y directivos. También se puede incluir a estudiantes líderes que podrían recibir capacitación para asegurar una presentación precisa de las habilidades y la información. Los jefes de grupo pueden ayudar a contrarrestar las presiones sociales sobre los jóvenes para consumir tabaco.

5. Involucrar a los padres y familias en los programas escolares para la prevención, y en su caso para que participen en los programas de desarraigo del uso del tabaco, ya que desempeñan un papel importante en la prestación de apoyo social y ambiental para no fumadores. Las escuelas pueden sacar provecho de esta influencia con su participación en la planificación al solicitar el apoyo de la comunidad en los programas, y reforzando los mensajes educativos en el hogar. Las tareas que involucran a los padres o familias aumentan la probabilidad de que el tabaquismo se discuta en casa y se motive a los fumadores adultos a participar en el programa para dejar de fumar de la Clínica del Tabaco.

6. Apoyar las iniciativas de desarraigo entre estudiantes y colaboradores del colegio que consuman tabaco, independientemente de su responsabilidad en la institución. Los resultados del P6P se han certificado ante notario público, siendo ésta una certera salida para el abandono permanente del consumo de tabaco. Dicho programa incluye una terapia fisiológica y conductual cognitiva, este manual y un programa de seguimiento. Dejar de fumar ayuda a reducir el desgaste, a tener menor ausentismo laboral, a disminuir el costo de primas de seguros de gastos médicos, y el aumento de compromiso con los objetivos generales de salud escolar.

7. Monitorear los programas de prevención del uso del tabaco a intervalos regulares por medio de la respuesta a las siguientes interrogantes:

a) ¿La escuela tiene una política integral por escrito sobre el consumo de tabaco que se puso en práctica y se hace cumplir?

b) ¿El programa de educación fomenta conocimiento, actitudes y habilidades para prevenir el consumo de tabaco?

c) ¿La educación para prevenir el consumo de tabaco es permanente y como estaba previsto desde primaria hasta preparatoria, con un énfasis especial en la escuela secundaria?

d) ¿Se capacita cada año a los educadores responsables de la aplicación de la prevención del consumo de tabaco?

e) ¿Los padres, maestros, estudiantes, personal de la escuela, administradores y representantes de la comunidad están involucrados en la planificación, aplicación y evaluación de programas para prevenir el consumo de nicotina?

f) ¿El programa de prevención del tabaquismo alienta y apoya los esfuerzos de cesación de los estudiantes y todo el personal de la escuela que consume tabaco?

TABACO Y ALCOHOL

Aristóteles hablaba desde sus tiempos del *principio de contigüidad*: "Para dos eventos que ocurren simultáneamente, la aparición de uno de ellos traerá al otro a la mente." Beber alcohol es un caso especial, porque además de secuestrar el mismo canal de comunicación cerebral que la nicotina y otras sustancias, la asociación es fuerte y su propia naturaleza disminuye las inhibiciones. Puede provocar que se tengan comportamientos arriesgados que sin el uso del alcohol no sucederían. Fumar o consumir sustancias pueden ser algunos de ellos. Hay diferentes grupos de personas que deben ser tomados en consideración cuando se trata de alcohol y dejar de fumar: abstemios, bebedores sociales, personas que tienen problemas con el alcohol y quienes son ex alcohólicos.

En el caso del alcohol, el grupo más simple es el de fumadores abstemios, no hay de qué preocuparse, porque no hay relación entre el consumo de ambas sustancias.

Los bebedores sociales pueden beber alcohol sin riesgo de una recaída en el cigarro, pero estar mentalmente preparado es importante para ellos. Deben recordar siempre que se están recuperando de la adicción a la nicotina, que van a ser adictos a la nicotina en recuperación durante el resto de su vida y que hasta 50% de las recaídas con el tabaco suceden bebiendo alcohol.

El siguiente grupo es el de las personas que tienen un problema con la bebida. No pueden beber de una manera controlada, o hay quienes han sido afectados negativamente con problemas de salud, económicos, profesionales, legales o personales.

En algunos programas de tratamiento del alcoholismo lamentablemente se les asegura que no pueden dejar de beber y de fumar a la vez, e incluso se les impulsa a fumar de nuevo. Pero no encontrarás un *padrino* en AA que sugiera que si has estado sin consumir heroína durante seis meses y ahora quieres dejar de beber, tal vez debas inyectarte heroína durante un tiempo hasta que expulses el alcohol de tu sistema.

Una persona que se ha reconocido como alcohólico y ha conseguido dejar de beber, tiene una comprensión más profunda de la adicción, ya que entiende mejor las implicaciones de la recaída con una copa o un solo trago. Todo lo que una persona que ha dejado de consumir alcohol debe hacer para dejar de fumar es transferir su experiencia y conocimiento, teniendo como objetivo en línea recta la nicotina. El mismo problema: la adicción de drogas; la misma solución: detener la entrega de nicotina en su sistema.

Cuando una persona deja de fumar después de dejar otra sustancia, a menudo tiene más dificultades que el fumador promedio.

Fumar puede haber sido una muleta para ayudarle a salir de otra sustancia; ahora, al dejar de fumar cigarros, no sólo intenta liberarse de una adicción primaria, también está tratando de quitar la muleta en la que se había apoyado para la recuperación de las otras adicciones.

Sin embargo, contrario a la creencia popular enraizada en algunos programas para recuperarse del alcoholismo y del abuso de otras sustancias, donde se sugiere e incluso se promueve el consumo de tabaco como apoyo durante el proceso de desintoxicación, estudios serios demuestran que es más viable recuperarse del consumo de sustancias si se retiran todas al mismo tiempo. Esto es debido a que al dejar de alterar el balance natural del sistema nervioso éste puede regresar a la normalidad y recuperar su sensibilidad natural más eficientemente. Trasladar la adicción de una sustancia a otra retrasa la recuperación de la sustancia original y crea otro problema.

Los programas de prevención de la clínica ayudan al identificar comportamientos que son característicos de ese 10 % de los bebedores que se enganchan con el alcohol para dejar de consumirlo, o en caso de no ser posible por la propia voluntad, sugieren la participación en el programa tradicional de 12 pasos para recuperarse del alcoholismo con sesiones regulares de hora y media en Alcohólicos Anónimos.

Tabla 2.1. Concentración de alcohol en sangre.

ALCOHOL	EFECTOS POR CONCENTRACIÓN EN SANGRE (CAS)		
Mujer: 1 bebida por día/3 por evento/9 por semana. Hombre: 2 bebidas por día/4 por evento/12 por semana.			
El organismo metaboliza una bebida estándar en una hora, pero mezclar tipos de alcohol demanda más enzimas al hígado para metabolizarlo. Consúmelo siempre con alimento.			
Puede rebasar el límite legal de alcohol expirado en alcoholímetro (0.4 % mg/ℓ) con 2 bebidas.			
Grado (°) es el contenido alcohólico = % de alcohol × 2.40 % alcohol G.L. (Gay Lussac) = 80° de alcohol (Proof) Porcentaje de alcohol en: cerveza 6 %; vino 12 %; tequila, ron, whisky, brandy, vodka 40 %.			
#	CAS	Etapa	Efecto
1	Hasta 0.05 g/ℓ	Sensación de bienestar.	Conversador, relajamiento.
2	De 0.051 a 0.08 g/ℓ	Inicio de riesgo.	Actos y sentimientos de autoconfianza.
3			Reducción de las inhibiciones.
4			Se afecta el juicio y el movimiento.

Tabla **2.1.** (*Continuación.*)

#	CAS	Etapa	Efecto
5	De 0.081 a 0.15 g/ℓ	Riesgo.	Arrastra del habla.
6			Se compromete el balance y la coordinación.
7			Reducción de la velocidad de los reflejos.
8			Atención visual disminuida.
9			Inestabilidad de emociones.
10			Náusea, vómito.
11 o más	De 0.151 a 0.30 g/ℓ	Alto riesgo.	Incapacidad de caminar sin ayuda.
			Apatía, somnolencia.
*g/ℓ gramos por litro			Respiración con dificultad.
Límite legal en sangre + 0.8 g/ℓ			Incapacidad para recordar eventos.
Límite legal en aire expirado + 0.4 mg/ℓ			Falta de control de la vejiga.
			Posible pérdida de conciencia.
	Más de 0.31 mg/ℓ	Congestión alcohólica.	Muerte.
Síndrome de abstinencia (SdA)			

Comienza entre 6 y 24 horas de haber dejado de beber y puede durar hasta 5 días.

Los síntomas incluyen temblor, náusea, vómito, ansiedad, agitación, nerviosismo, depresión, sudor, dolor de cabeza, angustia y dificultades para respirar.

El SdA al alcohol en personas que consumen 8 o más bebidas al día puede ser peligroso. En ese caso se recomienda supervisión médica durante el proceso de desintoxicación.

www.clinicadeltabaco.org   contacto@clinicadeltabaco.org   (55) 5786 0300

TÉRMINOS ASEQUIBLES A LA JUVENTUD Y AL NO FUMADOR

La mejor manera de influir en las personas más importantes para ti respecto al tabaco es con el ejemplo. Si eres ex fumador difunde la experiencia de la adicción a la nicotina que padeciste y tu triunfo al desarraigar la dependencia. A los fumadores déjales saber que hay una vida mejor al dejar de fumar, con menos ansiedad y mejor control de las circunstancias adversas; habla con los ex fumadores del potencial que una fumada tiene en relación con una recaída.

Se puede hacer la diferencia al compartir tu experiencia como ex fumador, de cómo te hiciste adicto y cómo debes estar consciente para mantenerte alejado del tabaco. La mayoría de los fumadores desea no haber empezado nunca. Haz que los niños conozcan tu historia personal en términos llanos. Haz conciencia de tu posición de adulto como un modelo que se debe seguir y guía a los más jóvenes de tu entorno con el ejemplo de lo que es más conveniente para todos.

Las dependencias *nacen* y *se hacen*. Un porcentaje bien documentado de cada uno de nosotros nace con cierta afinidad genética natural hacia diferentes sustancias químicas que crean dependencia. Puedes tener la fortuna de probarlas todas y no engancharte con ninguna, pero las probabilidades están en nuestra contra. Experimentar con sustancias adictivas es jugar a la ruleta rusa, es cuestión de tiempo antes de que te hagas dependiente fisiológico y emocional de alguna, desarrollándose la enfermedad crónica incurable que es la adicción.

El éxito de los programas de prevención y desarraigo que la Clínica del Tabaco ofrece se basa en hacer asequible lo complejo, en términos familiares y con ejemplos cotidianos que permitan crear un puente de comprensión. No se minimizan o caricaturizan los hechos, se comparten tal cual son para que los jóvenes tomen la decisión que más les convenga, pero ahora con el conocimiento correcto de causa y efecto en su albedrío. Saber es poder.

Capítulo **3**

Racionalizaciones y respuesta condicionada

¿POR QUÉ SEGUIMOS FUMANDO?

Muchos de nosotros pasamos incontables horas durante nuestra carrera como fumadores activos tratando de responder satisfactoriamente esta desconcertante pregunta. Decimos que fumamos para controlar la ansiedad, porque nos gusta o porque estamos estresados, angustiados, tristes, contentos, insatisfechos, satisfechos, nerviosos, calmados, inquietos, tranquilos, solos, acompañados, cansados o sólo frustrados sin nuestros cigarros. Respuestas contradictorias no son raras en la misma persona.

Otras razones que se mencionan a menudo son que los cigarros nos mantienen delgados, nos hacen mejores pensadores, o que somos más sociables cuando estamos fumando. Vale la pena destacar que muchas respuestas que hemos obtenido en las terapias interactivas son mutuamente excluyentes: se fuma por todo y por nada.

Algunos claman que fuman para celebrar los buenos momentos de la vida. Comer, beber, divertirse, jugar e incluso el sexo, todo parece haber perdido su atractivo sin un cigarro. Después de oír todas esas maravillosas cualidades atribuidas a fumar, es sorprendente que más de un billón de habitantes de la Tierra hayamos dejado de fumar exitosamente, aunque un tercio de la población adulta en el mundo sigue fumando, 1.3 billones de personas.

¿Qué está mal con nosotros, los ex fumadores? Es posible entender a quienes nunca han fumado, nunca supieron o creyeron todos esos maravillosos beneficios derivados de fumar alcaloides venenosos. Nunca extrañarás lo que nunca tuviste. Pero, ¿cómo pudimos los ex fumadores renunciar a tan maravillosa adicción química con tantas ventajas? ¡Algo debe andar mal en nosotros!

El hecho es que nada anda mal en los ex fumadores. Al contrario, fue nuestra habilidad de razonar la que nos permitió liberarnos satisfactoriamente del cigarro. Tuvimos la visión de ponernos en la etapa inicial de abstinencia a la nicotina. La adicción al cigarro es una dependencia fisiológica a un químico externo y dos condicionamientos psicológicos (racionalización de la dependencia y asociación a eventos) que desarrolla muchas creencias irracionales como mecanismos de defensa para perpetuar la necesidad de consumir tabaco.

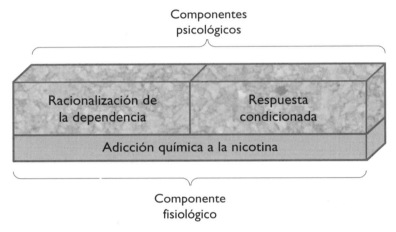

Fig. 3.1. Modelo fisiológico y conductual cognitivo. P6P.

Las razones que los fumadores activos esgrimen son creencias inducidas por la droga para justificar su adicción, para ocultar sus temores por no abandonar la dependencia. Creen que fumar es un placer por el alivio momentáneo que procede de consumir nicotina cuando se ha entrado en síndrome de abstinencia. El alivio permanente al síndrome, más un montón de beneficios indiscutibles, vendrán al dejar de proporcionar nicotina al cerebro y dejar el tóxico método de ingesta que incluye inhalar partículas de alquitranes y gases venenosos, como monóxido de carbono (CO).

Todos los ex fumadores debemos ser aplaudidos por el logro de superar los múltiples obstáculos creados por nuestra adicción. Enfrentar el proceso inicial para dejar de fumar crea inseguridad emocional en uno mismo. *¿Seré capaz de sobrellevar todas las complicaciones de la* *vida sin tabaco?* Una vez que estamos libres de las garras del cigarro, obtenemos una perspectiva clara de cuántos conceptos erróneos teníamos sobre los supuestos beneficios por fumar.

Una vez que dejamos de fumar, estas excusas simplemente desaparecen, dando paso a individuos más sanos física y psicológicamente con un nivel de autoestima superior, ya que hemos interiorizado el conocimiento suficiente para desarraigar una adicción que nos ha mantenido cautivos durante mucho tiempo. Al dejar de fumar encontramos sujetos más tranquilos, de mejor carácter y con más habilidad en el manejo del estrés que cuando fumaban.

Estar libre de esta droga después de años de esclavitud trae una sensación de alivio y logros que los fumadores no teníamos previstos. Para nuestra sorpresa, en unos pocos días descubrimos el maravilloso hecho de que al dejar de fumar, hay una vida emocionalmente más estable, con mejor salud y paz mental.

ABANDONAR RACIONALIZACIONES PARA JUSTIFICAR LA DEPENDENCIA

Cuando fumamos, cuántas veces decimos que lo hacemos por:

- Celebrar algún acontecimiento digno de felicidad y agregarle gusto, sabor o placer.
- Aliviar la ansiedad y manejar el estrés que hay en nuestra complicada vida.
- Estar apagados y aburridos sin nada mejor que hacer.
- Alguna situación externa que nos enoja o persona que nos altera el estado de ánimo.
- Soledad y deseos de sentirnos acompañados con un cigarro.
- Socializar. Las actividades en grupo no son placenteras sin fumar (aunque seas el único fumador en la banqueta).
- Mantener un peso saludable, nadie quiere estar obeso.
- Que hacemos lo que queremos y nadie puede decirnos lo contrario.

Lo que estamos diciendo es que necesitamos drogarnos, que requerimos nicotina para enfrentarnos a las situaciones del diario vivir. Estamos declarándonos drogadictos.

No es sino hasta que dejamos de fumar que podemos ver y entender que logramos superar estas situaciones sin cigarros y con más eficiencia. Una vez que hemos dejado de fumar nos damos cuenta de lo mucho que la dependencia a la nicotina incrementaba nuestro nivel de ansiedad y estrés. Quedamos atrapados en una adicción mortal, inaceptable social y físicamente, y consciente de ello buscamos excusas cuando pensábamos que el sufrimiento por dejar de fumar era demasiado grande para siquiera intentarlo.

Tiempo después de haber dejado de fumar, probablemente aún pensemos: ¡Hey! ¡Un cigarro! Pero no es nada comparado con los primeros tres días del proceso de desintoxicación. Puede ser en una situación estresante, en una fiesta o en algún momento cuando estamos solos sin algo mejor que hacer. El hecho es que no hay nada peor que podamos hacer que encender un cigarro. El tabaco no resolverá ningún problema, ni nos aportará beneficio alguno, sólo sumará estrés y ansiedad a cualquiera de las situaciones anteriores.

¡Fumo porque me gusta!

Pregunta a cualquier fumador activo por qué continúa con una actividad tan peligrosa y normalmente te responderá: "Porque me gusta fumar." Mientras que puede decir esto con toda honestidad, es una declaración muy engañosa, tanto para el oyente como para el propio fumador. No fumamos porque nos guste fumar, sino porque no nos gusta cómo nos sentimos cuando no fumamos y en esas circunstancias no tenemos opción. Las contradicciones de 180° son comunes alrededor de la adicción.

Coral llegó a la terapia con una actitud defensiva y dispuesta a vender cara su adicción: "Mira, a mí no me gusta fumar, ¡me encanta fumar! Me voy a morir en el café con un cigarro en la boca." Para poder ayudarle le compartí que yo mismo había fumado durante 30 años, y que mi propia experiencia de esclavitud me permitía entender lo que le estaba pasando por fumarse dos cajetillas de cigarros diarias. Contra pronósticos de familiares, amigos, y a pesar de sus racionalizaciones iniciales, una vez que interiorizó los conceptos que se presentan en el P6P, ella abandonó el tabaco y a la fecha se mantiene sin fumar. Coral llegó a ser una buena amiga y una entusiasta colaboradora.

Debido a su afinidad química con los receptores neuronales, la nicotina es la más adictiva de todas las drogas naturales o sintéticas conocidas por el hombre. El fumador se encuentra en una batalla constante para mantener un estrecho rango de nicotina en su torrente sanguíneo. Cada vez que el nivel del alcaloide en el torrente sanguíneo del fumador desciende por debajo del límite mínimo, se experimenta el síndrome de abstinencia: se pone ansioso, irritable y tenso, en algunos casos, incluso muestra síntomas físicos. Una forma de aliviar temporalmente esas reacciones es fumarse un cigarro, la pérdida de nicotina se repone, y por tanto, el fumador se siente mejor, pero nunca al mismo nivel que un no fumador o un ex fumador. La forma permanente de terminar con esos síntomas es dejar de ingresar nicotina al sistema nervioso.

Ahí está desenmascarado el engaño del gusto por fumar. Una venda amarrada en los ojos de los fumadores por las tabacaleras y apretada por las farmacéuticas. Es otro de los mitos en la adicción: es verdad que al fumar reduces la ansiedad, pero la ansiedad que reduces es la que te fue provocada por haber fumado. Al dejar de consumir nicotina, tu ansiedad por fumar desaparecerá muy rápido y en poco tiempo estarás en el mismo nivel de paz mental que un no fumador y recuperarás la estabilidad emocional que tenías antes de empezar a consumir tabaco.

El fumador activo también debe tener cuidado de no exceder su límite superior de tolerancia o sufrirá diversos grados de envenenamiento por nicotina. Muchos fumadores pueden dar fe de esta condición. A mí me sucedió por mascar más chicles de nicotina de los recomendados mientras mantenía una discusión; tuvieron que llevarme al hospital con espasmos abdominales. Por lo general es en fiestas o en situaciones de tensión cuando los fumadores activos se exceden de su nivel normal de consumo. Se sienten mal, con náuseas, mareos y, en general, miserables.

Ser adicto a la nicotina es como ser un equilibrista que anda en la cuerda floja sin caerse y sin red de seguridad. El fumador debe mantener constantemente el equilibrio entre los dos problemáticos extremos de este alcaloide: "muy poco" o "demasiado". El miedo inicial por dejar de fumar es que el resto de la vida como ex fumador sería tan malo como estar en el síndrome de abstinencia de los primeros días sin cigarros.

Lo que ayuda a los fumadores a romper con la adicción es entender e interiorizar que en unos pocos días nada más, el síndrome de abstinencia disminuirá y se extinguirá.

Los impulsos debilitan primero su intensidad y luego se hacen más cortos. Habrá intervalos de tiempo más largos entre impulsos. Con el tiempo, los ex fumadores desearemos un cigarro con muy poca frecuencia si es que alguna vez volvemos a desearlo. Los que continúan fumando seguirán teniendo una constante batalla por mantener el nivel de nicotina acostumbrado en el torrente sanguíneo.

En esta batalla está incluido el elevado costo de comprar cajetilla tras cajetilla (simplemente multiplica el precio de las cajetillas de la marca que acostumbras por 365 días y por los años que has fumado y tendrás una referencia de cuánto has gastado en cigarros a valor actual; en mi caso fueron unos 624 000 pesos), además del peligroso asalto al cuerpo del fumador por la inhalación de más de 7000 productos químicos tóxicos, unos 81 de ellos probados cancerígenos, entre los que destacan por su toxicidad alquitranes como los hidrocarburos aromáticos policíclicos (benzopireno), hidrocarburos volátiles (benceno) y las nitrosaminas, capaces de dañar el ADN celular, además de gases producidos por la combustión del tabaco como el monóxido de carbono. Estas sustancias químicas son mortales por sí solas y combinadas lo son aún más.

La próxima vez que pienses en lo mucho que alguna vez creíste disfrutar los cigarros, reflexiona y da una mirada seria, objetiva, de por qué tienes una idealización de esta peligrosa adicción. Ten en cuenta todas las consecuencias. Te percatarás de que como ex fumadores estamos mejor física, mental y emocionalmente; como nunca nos sentimos siendo fumadores.

No quiero dejar de fumar

Una de las racionalizaciones más acérrimas con las que me he encontrado es: "no quiero dejar de fumar". Lo que en verdad están diciendo esos fumadores es que no han podido dejar de fumar, que tienen miedo de que los síntomas de la abstinencia los acechen por el resto de su vida y que el "placer" por fumar es vital para ellos. No escuchas al ser humano racional e inteligente, escuchas a la adicción en toda su expresión enraizada en el subconsciente.

El problema de esta rebeldía mal encaminada es que lleva a una muerte prematura en 50% de los casos y provoca incapacitantes y diversos daños en el resto de los rebeldes, y todo por una creencia basada en una mentira que te han hecho creer por muchos años. ¿Por qué no te rebelas contra la industria que te envenena, dejando de consumir sus tóxicos productos? Si te enteras que una marca es mala dejas de consumirla y recomendarla. Sabes que fumar tabaco es venenoso, vasoconstrictor, tóxico, cancerígeno, caro, adictivo, y que puedes dejar de consumirlo, pero sigues "probándole al mundo" que tu rebeldía te permite hacer ¿lo que tú quieres o lo que la adicción te ordena?

José Luis nos sorprendió a todos en la terapia interactiva cuando declaró que había sido tratado en un instituto nacional de salud donde estuvieron a punto de extirparle el pulmón derecho, y del que perdió sólo el lóbulo superior. Aún así no podía dejar de fumar a pesar de haber probado ya varios métodos. Fue muy emotivo para todos los presentes cuando declaró al final de las sesiones que siempre había pensado que dejar de fumar era un tema de fuerza de voluntad únicamente, pero que había estado equivocado, que se requería un despertar de conciencia, el cual había obtenido en la Clínica del Tabaco.

Como fumador activo se tiene la equivocada percepción de que el cigarro es una forma muy eficiente de manejar el estrés y lidiar con situaciones adversas de la vida cotidiana, obteniendo placer en el proceso. *¿Cómo te atreves a sugerir siquiera que abandone a esta belleza química que me permite realizar mis labores cotidianas?* Lo que como fumador activo no se sabe aún es que todas esas percepciones son mentira, que están basadas en falsos supuestos, que una vez que se haya dejado de fumar se podrá entender que todo era una cortina de humo de cigarro, tendida a nuestro alrededor por la adicción que busca racionalizaciones para justificar la dependencia y no desarraigarse del sujeto adicto.

He encontrado que un acercamiento adecuado con este tipo de racionalizaciones es el de sugerir al fumador que la información que está por conocer no es un compromiso para dejar de fumar, que no tiene que abandonar el tabaco, sino que sólo va a saber cómo hacer para deshacerse de la ansiedad por la que tiene que encender ese otro cigarro. En ese momento ni siquiera me refiero a la dependencia a la nicotina como adicción.

Trato de ayudar al fumador sin sugerir obligación alguna de su parte para cortar con la dependencia, o mencionar un problema de adicción porque él podría defender su dependencia con más argumentos. Ha sido de utilidad hacerle ver al fumador, encadenado al consumo de nicotina, que sólo va a conocer la información suficiente para que pueda comprender que el alivio permanente de la ansiedad que calma temporalmente fumando, lo conseguirá dejando de ingresar nicotina a su organismo, cuando él así lo decida.

La próxima vez que te oigas o que oigas a alguien decir que "no quiere dejar de fumar", date cuenta de que no es cierto. Cualquiera que haya asimilado P6P querría dejar de fumar. El asunto está en no esperar a que sea demasiado tarde. Puedes abandonar la nicotina, asiste a la terapia interactiva de la Clínica del Tabaco.

¡Tengo que fumar porque estoy muy estresado!

El estrés es considerado por mucha gente como causa primordial para fumar. En realidad es al revés, consumir tabaco es una importante fuente de tensión. No me creas, haz la prueba de no fumar un par de semanas y entonces hablamos de tu nivel de ansiedad. Te darás cuenta de que serás una persona mucho más calmada que cuando fumabas.

En la vida cotidiana existen problemas inherentes. Trabajo, familia, pareja, amigos y dinero pueden contribuir a que haya momentos en los que te sientas angustiado. Los ex fumadores a menudo pensamos que si nos fumáramos un cigarro durante un episodio estresante veríamos la situación con más tranquilidad. Por ejemplo, al descubrir que en la avenida por la que circulamos hay un embotellamiento, nuestra reacción suele ser: "Necesito un cigarro." Lo que va a resolver este problema es buscar otra ruta. ¿Cómo va a ayudar el tabaco en esta situación? Hará que perdamos tiempo útil y atención para encontrar caminos alternos.

Esto contribuye a generar una mayor frustración. La primera fumada reforzará la adicción a la nicotina, que es una crisis mayor de lo que había sido el embotellamiento. Incluso en una verdadera catástrofe, como la muerte de un familiar, enfermedades o pérdidas materiales, un cigarro no aporta, *añade* otro conflicto a una situación que de entrada ya estaba mal.

Lourdes había abrazado la religión desde hacía ya tiempo, y aunque en sus creencias religiosas fumar no es una práctica bien recibida, no había podido dejarlo. Además, el cigarro afectaba su vida personal, en la terapia compartió que estando su mamá grave en el hospital, ella sólo pensaba en el momento de escabullirse para fumarse unos cigarros. "Me perdí importantes momentos de mi vida que no podré recuperar jamás." Lourdes estaba muy emocionada al terminar su terapia, se había liberado de una adicción que estaba entrometida en todos los aspectos de su existencia.

Fumar no puede resolver los problemas de la vida cotidiana. Sin importar cuál sea la complicación, siempre hay una manera más efectiva de solucionarla que ceder a la respuesta condicionada de encender un cigarro.

¿Dejar de fumar? ¡Prefiero morirme!

Fumadores que asisten a la terapia para dejar de fumar se sorprenden de cómo otros fumadores se resisten a renunciar a sus cigarros. Escuchan con incredulidad las historias de horror que otros pacientes comparten.

Algunos fumadores hemos tenido ataques cardiacos, puentes coronarios, incapacidades circulatorias que han terminado en amputaciones, cánceres, enfisema y una serie de enfermedades discapacitantes y terminales. ¿Cómo es posible que hayamos seguido fumando después de todo? Algunos fumadores están completamente conscientes de que consumir tabaco los está incapacitando y matando, pero continúan haciéndolo de cualquier manera. Yo seguí fumando por años aun después de dos operaciones del corazón en 1999; creía que el cigarro me ayudaba a aliviar mi ansiedad.

Hilda asistió a la terapia después de haber estado, pocas semanas antes, en la sala de urgencias de un hospital con graves complicaciones vasculares en las extremidades. El médico le había advertido que continuar fumando le aseguraría la amputación de sus miembros y que si no dejaba de hacerlo sería mejor que pusiera en orden su testamento. Ella nos dio mucho al compartir su experiencia. Entendimos que mantener las emociones bajo control permitía desarraigar la adicción de una manera más simple y que para interiorizar el conocimiento hacía falta tener la capacidad de prestar completa atención al programa de trabajo.

Una pregunta legítima de cualquier persona es: ¿Por qué no dejan de fumar? La respuesta a tan compleja situación es muy simple. El fumador tiene los cigarros tan amarrados en su estilo de vida que siente que si deja de fumar renunciará a las actividades asociadas con el tabaco. Considerando que esas acciones incluyen casi todo lo que hace desde que se despierta hasta que se va a dormir, pareciera que no vale la pena vivir como ex fumador.

El fumador activo también tiene miedo de los síntomas del síndrome de abstinencia por no fumar. Además, hay que mencionar los casos en los que la autoestima se encuentra en un nivel tan bajo que abandonar la adicción pareciera no hacer diferencia en la vida, o hay un trastorno de ansiedad. Considerando todo esto, dejar de fumar crea un miedo mayor que la muerte por consumir cigarros.

Si el fumador tuviera razón en cuanto a sus presunciones de cómo sería la vida al dejar de fumar, entonces tal vez no valdría la pena abandonarlo. Pero todos estos supuestos están equivocados. La vida es mejor después de haber dejado de fumar, y los efectos del síndrome de abstinencia no duran mucho tiempo, lo que sí persiste son las terribles enfermedades incapacitantes o terminales que el consumo de cigarro provoca.

Sin embargo, tratar de convencer a un fumador de esto es nadar contra corriente. Estas creencias están arraigadas y condicionadas por los falsos efectos positivos que los cigarros le han dado al fumador. Un enfoque de acercamiento es decirle que dejar de fumar es como desarmar una granada, sólo hay que saber dónde poner el seguro. Una vez que la granada está inactiva, todos los sentimientos asociados con el peligro de la misma se desvanecerán. Que no deseche lo que no conoce, igual y encuentra algo valioso que le puede, literalmente, cambiar la vida para bien.

El fumador siente frecuentemente que necesita un cigarro para pararse de la cama en la mañana. Típicamente cuando se levanta tiene un ligero dolor de cabeza, está cansado, irritado, deprimido y desorientado. Cree que todo el mundo se despierta sintiéndose así. Pero tiene suerte, porque sabe la forma de detener esos horribles síntomas: fumarse uno o dos cigarros.

Entonces comienza a despertar y a salir del síndrome de abstinencia. Una vez que ha despe   lo cree que necesita tabaco para obtener la energía que requiere du   e el día.

Cuando está bajo estrés y nervioso, fumar lo calma. Renunciar a esta droga maravillosa parece absurdo. Lo que es en verdad absurdo es que está aliviando los síntomas del síndrome por la abstinencia a la nicotina que tuvo durante la noche y reiniciando el ciclo consumo-liberación-ansiedad.

Si dejara de fumar se sorprendería gratamente de encontrar que se siente mejor y es capaz de hacer frente a las situaciones de la vida cotidiana de forma más eficiente que cuando era fumador. Al despertar por la mañana estará mejor que cuando era fumador.

Nunca más se arrastrará fuera de la cama sintiéndose horrible. Ahora se despertará sintiéndose bien, descansado y renovado. En general estará más calmado que cuando fumaba. No estará inquieto en todas partes porque anhela el momento de poder salir a fumar. Incluso bajo estrés, no experimentará las reacciones de pánico que solía sentir cuando se estaba quedando sin cigarros por la noche o su nivel de nicotina bajaba más de lo aceptable.

La creencia de que los cigarros son necesarios para obtener energía es una de las más desilusionantes de todas. Cualquier ex fumador atestiguará que tiene más fuerza, resistencia y vigor de lo que alguna vez tuvo como fumador. El miedo de sufrir prolongadamente los síntomas del síndrome de abstinencia tampoco tiene mérito. El pico de las desagradables reacciones secundarias del síndrome de abstinencia es de tres días y se habrá reducido al mínimo en dos semanas.

Si cualquier fumador se da la oportunidad de sentir realmente lo bien que está sin fumar, no tendrá más miedos sin fundamento que lo mantengan atado a su fatal adicción. Encontrará que la vida se ha vuelto más simple, feliz, limpia y, lo más importante, más sana, que cuando era fumador.

Hay que recordar que la caída de noradrenalina exacerba la reacción natural de luchar o huir. La sola idea de abandonar el tabaco provoca en el cerebro adicto una reacción de miedo debido al engaño en el que se encuentra, a nivel subconsciente supone la pérdida de un elemento vital. A nivel consciente has desenmascarado el engaño.

Dejaré de fumar cuando...

"Mi vida esté lo suficientemente tranquila." "Cuando mi médico me diga." "No puedo dejar de fumar ahora, es temporada de declaraciones." "Tal vez voy a dejarlo en las vacaciones." "La escuela está comenzando y estoy demasiado nervioso para abandonarlo." "Dejarlo ahora, a mitad del semestre, ¡está de locos!" "Voy a tratar en el verano cuando puedo hacer más ejercicio." "Cuando las condiciones mejoren en el trabajo, voy a parar." "Será mi propósito de año nuevo." "Ahora que bautice a mi hijo." "Tal vez después de la boda de mi hija." "Nada más que nazca mi nieto."

Lo que las anteriores aseveraciones tienen en común es que todas son mentira, se basan en racionalizaciones para justificar la dependencia a la droga y en las asociaciones psicológicas a eventos que dan la respuesta condicionada de encender un cigarro. Son falsas suposiciones que las tabacaleras han conseguido con sus estrategias mercadológicas y las farmacéuticas han insistido en apoyar, promocionando que el síndrome de abstinencia es irresistible sin sus productos. Que quede claro, el cigarro no alivia o mejora ninguna de esas situaciones, no aporta algún beneficio, al contrario, empeora todos los escenarios anteriores; por lo que si dejas de fumar, como ex fumador tendrás el mismo nivel de ánimo y bienestar que un no fumador para hacerle frente a todos y cada uno de ellos.

"He fumado durante años y me siento bien, ¿por qué debo dejar de fumar?" "Me estoy cambiando de casa y es un verdadero dolor de cabeza, no puedo dejarlo todavía." "Es demasiado pronto después de mi nuevo ascenso; ahora que las cosas se calmen ya no fumaré." "Cuando mis empleados dejen de cometer errores costosos voy a considerar dejar de fumar." "Es que mi jefa fuma, por eso no puedo dejarlo." "Más adelantito que vea cómo van las cosas." "Estoy muy joven, aún hay tiempo para dejar de fumar." "Estoy muy viejo, es demasiado tarde. Soy hombre muerto."

Racionalizaciones todas ellas para defender una adicción química que ha secuestrado con engaños nuestros centros límbicos cerebrales de recompensa y estrés. Cuando se oyen esas afirmaciones no se escucha al ser humano racional e inteligente, sino al fumador esclavo, encadenado a la nicotina, que hará todo por mantener la adicción a grados de la locura y de la muerte, aunque siempre con la esperanza de encontrar la manera de escapar de su tirano amo.

"Mi padre está en el hospital, no puedo dejar de fumar ahora." "Me acaban de operar de la cadera, ¿cómo se te ocurre que abandone el tabaco?" "Si dejo de fumar en las vacaciones se echa a perder todo el viaje." "El doctor dice que necesito una cirugía; estoy demasiado nervioso para tratar ahora." "Cuando baje 10 kilos me detendré." "Nada más que me decida." "Estoy haciendo muchos cambios en mi vida para dejarlo ahora"... y sigue, sigue, sigue fumando, fumando, fumando.

Increíble, ¿no? ¿Cómo la gente puede esgrimir tan variadas excusas para no abandonar la adicción? Si cualquiera de estas razones fuera válida, ¿cuándo habríamos dejado de fumar 47 millones de personas en Estados Unidos y 13 millones en México? Tuvimos que experimentar al menos una de esas situaciones durante el proceso inicial de dejar de fumar.

La única diferencia entre el éxito de ex fumadores y fumadores que hacen estas declaraciones es que los ex fumadores tuvimos el conocimiento correcto y suficiente para reconocer que fumar no era necesario para hacer frente a cualesquiera de estas situaciones, sino al contrario, que el cigarro causa estrés adicional y entonces fumábamos para reducir ese nivel de estrés agregado, entendimos cómo operaba el mecanismo de acción de la nicotina y lo desarmamos.

Muchas veces se cree que un mal momento no es conveniente para dejar de fumar, pero puede ser el mejor. Es preferible que la gente abandone el tabaco cuando esté experimentando un cierto grado de estrés. En la mayoría de los casos, entre más estrés, mejor. Esto puede sonar duro, pero mejorará en gran medida las posibilidades de éxito a largo plazo durante la abstinencia al consumo de nicotina.

Cuando dejamos de fumar en un momento fácil en nuestra vida, comenzamos a sentirnos cómodos como ex fumadores siempre y cuando no aflore ningún problema. Sin embargo, existe el temor de que cuando las cosas se pongan difíciles, seremos incapaces de solventar la situación sin cigarros.

Si en cambio dejamos de fumar en un periodo difícil, nos daremos cuenta de que incluso bajo severa tensión emocional nuestra vida sigue sin fumar. Tendremos la certeza de que podemos lidiar con cualquier crisis como no fumadores. Una vez que superamos el proceso inicial de abandonar el tabaco nos encontramos con que fuimos capaces de lidiar mejor con el estrés. Tuvimos la capacidad de cumplir con las exigencias físicas y emocionales en nuestra vida de manera más eficiente que cuando éramos fumadores. Estuvimos realmente mejor equipados para la supervivencia en nuestro complicado mundo sin el "apoyo" de los cigarros.

Es que yo fumo poco

El doctor Felipe Rivera, médico del Hospital Clínico de la Universidad de Chile, declaró en un reportaje de la cadena televisora chilena 3TV que: "Si uno se avienta de un avión 100 veces y nada más en una no lleva paracaídas, el riesgo de morirse es también muy alto", es el mismo caso que cuando un paciente le refiere: "Es que yo fumo muy poco." Fumar sólo un cigarro conlleva riesgos asociados al ingresar al organismo poderosos venenos, gases tóxicos, metales pesados, agentes cancerígenos y partículas mutagénicas, impidiendo, para empezar, la regeneración de los cilios pulmonares. Junto con Perú y Argentina, Chile es uno de los países estadísticamente más fumadores del continente americano.

Los fumadores que argumentan esto tratan de justificar su adicción creyendo que si no terminan con la cajetilla durante el día, su riesgo de contraer enfermedades cardiovasculares, pulmonares, cardiacas o cancerígenas, está bajo control. Tal vez sea porque no tienen plena conciencia de las consecuencias que el consumo de tabaco genera a su alrededor, porque realmente declaran que no están dispuestos a vivir en síndrome de abstinencia por el resto de su vida o no han leído aún el capítulo 5 de este manual. El problema es que argumentan sin conocimiento de causa: el síndrome de abstinencia terminará, además de que su estabilidad emocional y paz mental mejorarán tan pronto dejen de fumar ese "poco".

A mayor tiempo y consumo de más cigarros el riesgo se incrementa. La intención del Índice de Paquetes por Año (IPA=Cigarros diarios multiplicados por años fumando entre 20) es tener un parámetro de referencia de lo anterior. Mantener el consumo de tabaco a un "nivel seguro" no es posible, tampoco es viable reducir el riesgo fumando cigarros *light*, *mild* o *low* (términos prohibidos en EUA por la *Food and Drug Administration* (FDA), a las tabacaleras en junio de 2010 por ser palabras engañosas para el consumidor, ya que no representan ninguna reducción de los peligros de fumar cigarros) y ahora las tabacaleras usan conceptos como *gold* para referirse al mismo producto.

¿Estarías de acuerdo con que tu hija adolescente consumiera cocaína de vez en cuando para mantener en alto su espíritu al finalizar sus ciclos escolares? Es un alcaloide como la nicotina. ¿Cuál sería el problema? A final de cuentas, usando el mismo razonamiento, estaría consumiendo muy poca cocaína, una o dos veces al año. ¿Qué tal que tu pareja sólo se emborracha una vez al mes? Sale a festejar el día de pago, manejando y dejando en su casa a los compañeros de trabajo con los que terminó la fiesta, lo hace muy poco, nada más 12 veces al año. También puedes considerar que tu hermano o hermana únicamente se inyecte heroína los fines de semana, el resto de la semana permanece limpio, es decir, 52 veces al año. No te sorprenda si cuando cuestionas comportamientos similares se te confronta con un: "¿Cuál es el problema? Tú también fumas poco." Reflexiona, ¿cuántos cigarros te fumas? No necesitas fumarte ninguno.

¿Para qué entrar en controversia con racionalizaciones para justificar la dependencia al tabaco? La única razón por la que fumas es para aliviar temporalmente el síndrome de abstinencia, pero si dejas de fumar totalmente, no volverás a tener ninguna de esas sensaciones desagradables.

FUMAR TABACO NO SUMA, RESTA

El problema fundamental es que el fumador activo cree que fumar cigarros es una eficiente forma de manejar la ansiedad y el estrés que hay en su vida, sintiendo placer en el proceso. Si no se da la oportunidad de conocer los seis pasos del programa para recuperarse del tabaquismo, o los aprende por sí mismo y deja de fumar, el panorama es sombrío. El estrés, el alcohol y la vitamina C tienen el resultado fisiológico de acidificar la orina, y a menor pH en la orina más rápido se excreta nicotina, más pronto se da el síndrome de abstinencia (ansiedad, irritabilidad e intolerancia, por dar unos ejemplos) y hay que fumar más para reponer la pérdida súbita de nicotina y salir del síndrome. Ahí están desenmascaradas las mentiras de "tranquilidad" y "placer" que da fumar cuando estás ansioso o estresado.

Para dejar de fumar es primordial recordar que consumir tabaco alivia ansiedad y estrés, cierto; pero esto fue causado por la última administración de nicotina que nosotros mismos proporcionamos. La ansiedad y el estrés de la vida misma van a seguir ahí, fumemos o no fumemos, y tendremos que resolver esas situaciones como lo hacemos cotidianamente, fumando o no. Dejando de fumar quitamos ansiedad y estrés adicionales que hemos añadido a nuestro entorno por suministrar nicotina al cerebro y alterar químicamente nuestro sistema nervioso de manera artificial.

Con cada fumada incrementamos el nivel de ansiedad y disminuimos el nivel de bienestar que hay en nuestra vida. Dejando de ingresar nicotina al organismo se nos quitarán las ganas de fumar cigarros en unos pocos días. Se deja de fumar no fumando, no administrando de ninguna forma nicotina al organismo y entendiendo cómo nos alteramos cuando consumimos tabaco hasta asimilar que la tranquilidad que anhelamos conseguir momentáneamente fumando la obtendremos permanentemente dejando de hacerlo. En dos semanas la estabilidad emocional que te pertenece por derecho propio regresará totalmente a ti, sólo deja de alterar el sistema nervioso con nicotina y te encontrarás más calmado y de mejor humor que cuando fumabas.

Cuando fumas, alivias la ansiedad y el estrés del síndrome de abstinencia, te sientes mejor y crees que fumar cigarros te gusta. Eso no es verdad, lo que no te gusta es no fumar. No toleras cómo te sientes en síndrome de abstinencia y consumes nicotina para aliviar los síntomas de ansiedad y estrés inducidos por la pérdida del alcaloide. Pero si dejas de ingresar nicotina al cuerpo en lugar de fumar cigarros para proporcionársela, todo terminará en unos pocos días. Una vez que no haya más nicotina en tu organismo, en 21 días los receptores neuronales que has sobrerregulado por consumir tabaco se autorregularán a la baja al nivel de un no fumador y recuperarán su sensibilidad natural.

En la terapia se te enseña cómo una sola fumada vuelve a expresar (sobrerregular) los receptores neuronales al mismo nivel que tenían cuando consumías nicotina y por qué vuelves a sentir la misma ansiedad que cuando fumabas. Un solo contacto con nicotina desencadena la obsesión y compulsión por consumir tabaco otra vez.

Los momentos más importantes para dejar de fumar son los que vivimos los primeros días, las primeras dos semanas, mientras agotamos las asociaciones psicológicas que disparan las ganas de un cigarro por la respuesta condicionada de querer fumar que nosotros mismos hemos entrenado a nuestro cerebro a dar en un evento determinado, y concientizamos que esos deseos tienen su raíz en la bioquímica cerebral alterada.

Cuando viene a la mente la intención de prender un cigarro "porque estoy nervioso", dicha sensación debe confrontarse conscientemente con la verdad: "Si consumo tabaco, me pondré más nervioso." Si hay alguna desgracia, debo enfrentar mi duelo sin nicotina, consumirla no ayudará en nada y sólo me hará sentir peor. Mantener las emociones bajo control diluye las adicciones. En procesos educativos tanatológicos se enseña que las situaciones tristes y adversas son parte de la vida; ser miserable como resultado de esas realidades es una decisión personal.

Después de haber probado las alternativas del capítulo 4, analizado los descubrimientos fisiológicos y psicológicos que comparto contigo en el programa, presentar, validar y enriquecer su contenido con grupos de fumadores en las terapias, llegué a la conclusión de que fumar tabaco no era un placer agregado para disfrutar las cosas buenas o que ayudara a aligerar las tensiones de la vida, sino que era una carga emocional extra que generaba ansiedad adicional a los eventos diarios, la cual desapareció al dejar de fumar.

Siempre creí que el cigarro era un gusto que me ayudaba a calmarme, pero eso era una media verdad. Tranquilizaba por unos minutos mis síntomas del síndrome de abstinencia a la nicotina. Cuando entendí que el placer que sentía por dejar de estar ansioso provenía de una ansiedad que yo mismo había provocado y no ingresé más nicotina a mi organismo, mi vida cambió. Por fin dejé de fumar.

Ingresar de cualquier manera nicotina al organismo es una trampa hecha con una red podrida, una cuerda deshilachada y un nudo mal hecho. Cualquier droga tiene un efecto estimulante notorio en quien la consume: intoxica y altera el estado de conciencia, pero ¿qué pasa al consumir nicotina? ¿Qué sensaciones tienes por usarla? ¡Ninguna! ¡Alivias la ansiedad del síndrome de abstinencia causada por haber consumido nicotina anteriormente! ¿Has oído el chiste de "Evite la cruda, ¡permanezca borracho!"? Con el tabaquismo aplica igual "Evita la cruda, ¡sigue fumando!" Hasta que te incapacite y eventualmente te mate unos 6400 días antes de cumplir con tu expectativa de vida.

Entender a plenitud los párrafos de este apartado es de utilidad, porque lidiarás con conocimiento de causa y efecto contra el síndrome de abstinencia. Lo peor habrá pasado en unos días y en tres semanas los receptores neuronales se habrán autorregulado a la baja al mismo nivel que hay en el cerebro de un no fumador.

Aun ahora, cuando ocasionalmente llega a mi mente algún pensamiento fumador de "¡Oye, un cigarro!", confronto conscientemente a esa parte adicta de mi cerebro inconsciente que siempre va a estar ahí, con la verdad irrefutable de que por el contrario, en la misma operación en la que creemos que suma, el tabaco resta, y que si ingresamos nicotina a nuestro organismo no nos vamos a sentir mejor, sino peor. Relee este apartado después de dos semanas de haber decidido dejar de fumar en la terapia interactiva y me escribes a mi correo lo que piensas.

¡FUMAMOS PORQUE NOS HICIMOS ADICTOS A LA NICOTINA!

Algunos fumadores dicen que fuman porque les gusta, otros afirman que lo hacen porque están ansiosos, angustiados, nerviosos o para celebrar; algunos piensan que les da energía, muchos creen que se ven atractivos fumando, mientras que otros lo hacen para mantenerse despiertos o dormir, unos más creen que fuman para concentrarse. Un fumador realmente único me dijo que fumaba cigarros mentolados para respirar mejor. Yo creía que el tabaco me ayudaba a manejar mi estrés cuando me enfrentaba con las situaciones adversas de la vida.

Ninguna de esas razones explica satisfactoriamente por qué la gente continúa fumando. Sin embargo, la respuesta es de hecho muy simple: los fumadores fumamos tabaco porque nos hicimos adictos a la nicotina.

Un adicto a la nicotina, como cualquier otro drogadicto, se ha encadenado a una sustancia química. Él está en un punto donde no mantener un nivel mínimo del alcaloide en su torrente sanguíneo desencadena el síndrome de abstinencia, también conocido como dejar de consumir, retirar la sustancia o cruda. Cuando excrete o metabolice nicotina deseará fumar.

Este concepto explica por qué los fumadores fuman más bajo estrés o cuando han bebido alcohol. El estrés y el consumo de alcohol tienen un efecto fisiológico en el cuerpo que hace al pH de la orina más ácido. Cuando la orina se hace más ácida, el cuerpo excreta nicotina a un ritmo más acelerado. De modo que cuando un fumador se encuentra en una situación estresante pierde más nicotina y entra más rápido en el síndrome de abstinencia.

Sorprende a los fumadores saber que el "placer" del cigarro después de la comida se debe a que al ingerir alimentos, el hígado incrementa el flujo sanguíneo que circula por él hasta en un 30%, lo que provoca el mismo efecto: disminuir el nivel de nicotina en sangre.

Eva, paciente de una de las terapias, creía que fumar se había convertido en una forma muy eficiente de manejar su estrés en el trabajo. Después se dio cuenta de que hacía tiempo que había dejado de trabajar y su consumo de cigarros no sólo no había terminado, sino que había aumentado y ahora se fumaba tranquilamente 30 cigarros en casa. Eva reportó muy pocos síntomas del síndrome de abstinencia, declaró que cuando mucho se sentía un poco cansada en los primeros días de haber dejado de fumar.

Desafortunadamente, Eva recayó en el consumo de tabaco a los pocos meses de haberlo abandonado. Argumentó que "estaba subiendo de peso y ya no le quedaba la ropa", por lo que prefirió controlar su ansiedad por los alimentos consumiendo tabaco. Algunas estrategias publicitarias de principios del siglo pasado así lo promocionaban: "No te comas un pastel, ¡mejor fúmate un cigarro!" Es una racionalización sin sentido, habría que subir muchos kilos, muchos más de los que son necesarios para cambiar de talla de ropa e igualar los riesgos asociados a consumir nicotina, alquitranes, monóxido de carbono, metales pesados y elementos radiactivos. ¿Y si mejor se modera la ingesta calórica y se hace algo más de actividad física? Además de que bajarías de talla y te verías mejor, estarías más sano.

La mayoría de los fumadores encuentra que cuando está nervioso o molesto, los cigarros le ayudan a calmarse. El efecto relajante, sin embargo, no es el alivio de la situación emocional en la que se han visto involucrados, sino reponer el suministro de nicotina y mitigar los síntomas que su ausencia les había ocasionado.

Es fácil entender por qué los fumadores, sin este conocimiento del estrés y el efecto de la nicotina, están temerosos por dejar de fumar. Sienten que estarían renunciando a una técnica efectiva para el manejo de la ansiedad. Pero una vez que hayan dejado de consumir tabaco por un lapso breve, estarán más calmados, incluso bajo estrés, que cuando fumaban.

La explicación de cómo ciertos cambios fisiológicos en el cuerpo hacen a los fumadores fumar más es difícil de creer para algunos de ellos. Pero casi todos pueden fácilmente relatar otras situaciones que también alteran la tasa de excreción de nicotina, como cuando terminan de comer. Pregúntale a un fumador qué pasa con su consumo de cigarro cuando está tomando alcohol y puedes estar seguro de que responderá que éste se incrementa, normalmente el doble o hasta el triple.

Están convencidos de que esto sucede porque todos a su alrededor también están fumando mucho. Lo que no saben es que a todos los fumadores que beben les sucede lo mismo, excretan nicotina más rápido. Si recuerdan alguna ocasión en la que eran el único fumador de la habitación, se darán cuenta de que beber de todas formas los hizo fumar más. Los resultados del consumo de alcohol y los efectos psicológicos del estrés son los mismos: acidificar el pH de la orina. Los niveles de nicotina decaen rápidamente y el fumador debe encender un cigarro tras otro o sufrir los síntomas del síndrome de abstinencia.

El caso de Héctor cabe bien aquí: fumador de 40 cigarros diarios por 39 años. Fue uno de los pacientes en la terapia que espontáneamente, con ahínco y determinación, dejó su cajetilla de cigarros en la mesa. Había decidido dejar de fumar y lo consiguió por una semana, ya había vencido un síndrome de abstinencia muy marcado en el asalto por recuperar su paz mental, tranquilidad emocional y salud... pero eso fue hasta que bebiendo con unos amigos el fin de semana siguiente, y ya después de algunas copas, se convenció de que "a él le gustaba fumar"... se fumó un cigarro y quedó entre ese 50% de personas que recae cuando ha bebido alcohol.

Héctor tuvo que tomar la decisión de volver a fumar dos cajetillas diarias como ya lo venía haciendo o enfrentar el síndrome de abstinencia una vez más. No es recomendable entrar en ciclos de desintoxicación continuos en síndrome de abstinencia, pero lo consiguió de nuevo y hasta la fecha de publicación de este libro había permanecido firme en su decisión de sólo por hoy no fumarse otro cigarro, un día a la vez.

Es importante para los fumadores que están considerando dejar de fumar entender estos conceptos, porque una vez que han comprendido cabalmente por qué fuman, tendrán la capacidad de apreciar cómo la vida será mucho más sencilla volviéndose un ex fumador.

Una vez que dejamos de fumar, la nicotina empieza a dejar nuestro cuerpo y en un periodo de días toda se habrá ido. Cuando la nicotina esté totalmente fuera de nuestro organismo, los indeseables efectos del síndrome de abstinencia desaparecerán.

Nunca más experimentaremos estados de abstinencia de droga cuando nos encontremos en situaciones de ansiedad o estrés, bebiendo, al terminar de comer, o nada más por haber estado mucho tiempo sin fumar. Pronto nos damos cuenta de que todos los beneficios que creíamos tener por consumir tabaco eran falsos.

No necesitamos fumar para tratar con el estrés, socializar o trabajar. Todo lo que hacíamos como fumadores podemos hacerlo mejor como ex fumadores, más eficientemente y sintiéndonos mejor. Nos convertimos en personas más independientes, con mejor capacidad cognitiva y memoria. Es un buen sentimiento y un logro liberarse de esta adicción, pero tienes que hacer lo que te corresponde. En el P6P se te guía hacia donde hay una certera salida y se te indica cómo hacer para pasar por ella; sin embargo, tú eres quien tiene que dar los pasos.

DESAPRENDER LA RESPUESTA CONDICIONADA

Subconscientemente establecemos una respuesta condicionada para consumir nicotina encendiendo un cigarro, ese condicionamiento dispara las ganas de fumar al encontrar un tiempo, lugar, persona, situación o emoción (eventos) en los que hemos entrenado a nuestro cerebro a esperar una nueva dosis de nicotina. ¿Te acuerdas de los experimentos de Iván Pavlov? ¿Te has dado cuenta alguna vez de que cuando tienes ante ti una comida apetitosa, empiezas a salivar? ¿Te ha ocurrido en alguna ocasión que con hablar de comida se te ha hecho agua la boca?

Pavlov, médico ruso, observó casualmente que a los perros que tenía en su laboratorio les bastaba oír los pasos de la persona que les traía la comida para comenzar a salivar y a segregar jugos gástricos; los perros habían aprendido a anticipar la comida. Pavlov comenzó a estudiar este fenómeno y se preguntó si cualquier otro estímulo, por ejemplo, el sonido de un diapasón, utilizado para afinar instrumentos musicales, podía provocar la salivación si se unía a la presentación de sus alimentos.

Tras varios días repitiendo la secuencia del sonido del diapasón, seguido de la entrega de comida, el perro comenzó a salivar al escuchar el sonido del diapasón, aunque no hubiera comida. El perro había aprendido una respuesta condicionada.

Estos experimentos dieron lugar a la teoría del condicionamiento clásico, que posteriormente aportaría parte del fundamento teórico del conductismo, escuela psicológica que pretende explicar y predecir la conducta y que aporta luz sobre muchos de los aprendizajes no sólo en los perros, sino también en los humanos.

¿Por qué ocurre esto? Porque se ha producido una asociación entre dos estímulos que, en principio, no tenían relación alguna: el perro ha aprendido a través de un entrenamiento que ha sido llevado a cabo así:

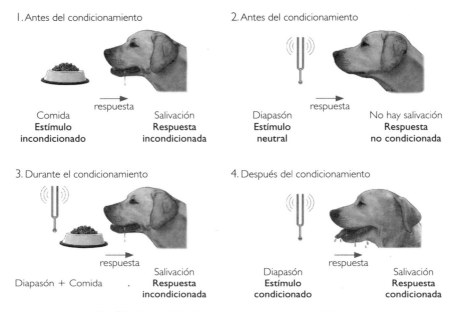

1. Antes del condicionamiento

Comida | respuesta | Salivación
Estímulo incondicionado | | **Respuesta incondicionada**

2. Antes del condicionamiento

Diapasón | respuesta | No hay salivación
Estímulo neutral | | **Respuesta no condicionada**

3. Durante el condicionamiento

Diapasón + Comida | respuesta | Salivación
| | **Respuesta incondicionada**

4. Después del condicionamiento

Diapasón | respuesta | Salivación
Estímulo condicionado | | **Respuesta condicionada**

Fig. 3.2. Asociación de eventos a respuesta condicionada.

Las conductas a las que respondemos encendiendo un cigarro se han aprendido por años, a veces décadas de condicionamiento estímulo-respuesta. Los estímulos son tan diferentes como la misma personalidad de los adictos a la nicotina, pero todos tienen la misma respuesta condicionada por alimentar al cerebro con nicotina: encender un cigarro.

Sucedió así:

Antes del condicionamiento

Nicotina ⟶ Ansiedad

Eventos cotidianos ⟶ No hay respuesta

Durante el condicionamiento

Eventos cotidianos + Nicotina ⟶ Ansiedad

Después del condicionamiento

Eventos cotidianos ⟶ Ansiedad

Fig. 3.3. Respuesta condicionada de un fumador.

Ahora tu cerebro está entrenado para anticipar su próxima dosis de nicotina en muchos eventos cotidianos. La anticipa y pide en cada momento, y si no se la proporcionas, la exigirá. Afortunadamente, una vez más la adicción al tabaco está llena de mitos que sólo son humo de cigarro.

La disociación de todos estos eventos se llevará a cabo en un solo encuentro con tu mente racional; es decir, una vez que hayas entendido los pasos para recuperarte de esta adicción y dejes de ingresar nicotina a tu sistema nervioso, tu cerebro "desaprenderá" lo aprendido, o si lo quieres ver de otra manera, aprenderá que no recibirá otra dosis de nicotina por ese evento y dejará de generar la ansiedad que se producía con cada asociación previamente establecida. Serás una persona más tranquila y vivirás mejor.

Una vez que el fumador deja de consumir tabaco, el nivel de nicotina se reducirá a cero con el tiempo, todos los síntomas físicos de la retirada de la droga desaparecerán y dejarás de tener ganas de fumar. El deseo de un cigarro de vez en cuando puede continuar, pero como has visto, esto se debe a una respuesta condicionada como la de los experimentos de Pavlov y ya no a una dependencia física.

Así como tu mente aprendió a anticipar el ingreso de nicotina al sistema nervioso, también aprenderá a eliminar esa asociación conforme abandones la respuesta condicionada de encender un cigarro en los momentos que solías hacerlo. Ya sabes que el catalizador y la base para la racionalización y subconsciente condicionado es la dependencia a la sustancia química. Fumar tabaco no aligera ninguna carga, por el contrario, agrega más peso a cualquier situación en la que como fumador crees que aporta.

En la vida hay circunstancias que no podemos cambiar, que escapan totalmente a nuestro control y deseos, pero muchas otras ocurren como resultado directo de nuestro comportamiento y decisiones conscientes. La oración de la serenidad ayuda para determinar qué puede estar bajo nuestro control e intentar influir sobre ello.

Las circunstancias de la vida misma no están en nuestro círculo de influencia, lo que sí está bajo nuestra área de dominio es la respuesta que damos. No hay manera de influir sobre los estímulos que han disparado las ganas de fumar, pero sobre lo que tenemos control consciente es la respuesta que proporcionemos a dicho estímulo. Que en caso de querer detener el tabaquismo, será en todo caso no darle una fumada a un cigarro.

Serenar las emociones diluye las adicciones. Mantenerlas estables por medio del temple y la madurez no sólo permite abandonar el consumo de sustancias, sino también tener una vida mejor, más útil y feliz. Las emociones son sanas, dan sentido y rumbo al ser humano, lo que no es sano es que se salgan de control, y en ese estado, sean éstas las que guíen nuestras decisiones.

DEJA DE FUMAR DE GOLPE

Para muchos, dejar de fumar de golpe pareciera ser una propuesta absurda y sin sentido. Su percepción está condicionada por mitos dispersos por las tabacaleras y perpetuados por algunas farmacéuticas. Pero de hecho es más factible dejar de fumar así que con cualquier otra técnica. Tiene menos variables y sufrimiento, además de un corto periodo con síndrome de abstinencia. Lo más importante, dejar de fumar de golpe, es el enfoque con el cual el fumador tiene la mejor oportunidad de éxito. ¿Cómo crees que dejamos de fumar 47 millones de estadounidenses y 13 millones de mexicanos? Una pista: no fue con fármacos, productos milagro, técnicas fáciles sin compromiso o hechizos mágicos.

Los fumadores debemos reconocer que somos drogadictos. Entramos en contacto con el alcaloide más adictivo de todas las drogas conocidas hasta el momento y nos enganchamos. Ninguna otra sustancia secuestra con tal fuerza los receptores neuronales.

Cuando se ha fumado por un tiempo largo, el cuerpo requiere un cierto nivel de nicotina en el torrente sanguíneo. Si este nivel no se mantiene, el fumador experimentará varios grados de abstinencia. Cuanto menor sea el nivel de nicotina en su sistema, mayor será la intensidad del deseo de fumar. Mientras algo del alcaloide permanezca en el torrente sanguíneo, el cerebro adicto mantendrá sus deseos por consumir tabaco.

El uso de terapias de remplazo de nicotina produce en el fumador un estado crónico de abstinencia a la sustancia adictiva. ¿A cuántas personas conoces que fuman mientras usan parches, chicles, inhaladores, shishas o cigarros electrónicos? Yo fui uno de ellos, engañado en mi ansiedad por no poder parar, seguía metiendo nicotina a mi organismo.

Mi padre intentó muchas veces reducir la cantidad de cigarros que fumaba sin conseguirlo, no sabía que una sola fumada expresaba de nuevo a los receptores neuronales y mantenía la ansiedad presente. Cuando por fin dejó de fumar a los 61 años, fue de tajo. Como un cura amigo de una capilla en Zacatecas dice: "¡Las adicciones se mochan de tajo o no se mochan!" Desafortunadamente, en el caso de mi padre, el daño estaba hecho y no teníamos ni idea de las consecuencias que años de adicción al tabaco e ingreso de alquitranes en su organismo acarrearían tiempo más tarde.

Si el fumador no alcanza el nivel mínimo de nicotina en la sangre, el cerebro adicto pide, y de no proporcionársele, exige. En la medida en que haya nicotina en el torrente sanguíneo, el organismo demandará su antigua dosis. Ponerse un parche o mascar chicles con nicotina intentando reducir gradualmente la cantidad de nicotina que se entrega, tendrá como resultado que el fumador no alcance el nivel mínimo requerido, creando un estado crónico al retirar el veneno. Tarde o temprano tendrás que dejar de usarlos y enfrentar la cruda de la nicotina o continuar con esa nueva vía de administración de droga al organismo.

Este estado seguirá durante el resto de la vida del fumador, a menos que se adopte una de dos medidas para rectificar. En primer lugar, el fumador puede dejar de ingresar nicotina por completo, ésta se metaboliza o se excreta totalmente del cuerpo y el síndrome de abstinencia (o cruda) termina totalmente; o bien, el fumador puede volver al nivel de consumo de siempre logrando nada. Para decidir cuál de las dos medidas conviene adoptar, hay que recordar las variables de salud, sociales, la esclavitud que la adicción ejerce, el dinero quemado y otros problemas que el cigarro te ha causado.

Por tanto, dejar de fumar siguiendo el P6P es el método de elección. Una vez que dejes de fumar, los síntomas de la abstinencia que hayan podido presentarse tendrán su pico en los primeros tres días y terminarán en un periodo de dos semanas. Cuando haya pasado, puedes estar seguro de que nunca más tendrás que volver a consumir tabaco.

Ya sabes que los mitigables síntomas que se describen en el apartado siguiente durarán unos pocos días.

SÍNDROME DE ABSTINENCIA A LA NICOTINA

El síndrome es un estado temporal que desaparecerá en unos días, puede empezar después de una hora de haberte fumado el último cigarro, alcanza el punto más notable en dos o tres días y tendrá incidencias por unas dos semanas. No todos presentan síntomas y hay muchas personas que sólo tienen alguno de ellos por un día o dos.

De 10 personas que asisten a las terapias, tres o cuatro tienen un síndrome de abstinencia leve, tres o cuatro lo experimentan moderadamente y el resto tiene síntomas más marcados. Incluso bajo los efectos de ansiolíticos, es imposible predecir cómo será el síndrome de abstinencia individual, además de que éste tiende a ser diferente en la misma persona cuando deja de fumar en distintas ocasiones.

Algunas veces no se presenta síndrome de abstinencia. Es ahí cuando hipnosis, acupuntura, láseres u otras parafernalias argumentan funcionar ¡o devolverte tu tabaquismo! Detener adicciones no tiene nada que ver con diablos, limpias, alfileres, juramentos o lucecitas. Sucedió que un proceso fisiológico fue estadísticamente benévolo con el consumidor activo que intenta iniciar el proceso de recuperación.

Por eso hay quienes caen en esos engaños, ¡porque de todas formas no iban a tener cruda de tabaco!, pero les hacen creer que esa parafernalia les ha ayudado "¡Mire, no tiene que hacer nada!" O qué alguien explique, por favor con base en estudios científicos serios, cómo un demonio impacta la sinapsis neuronal, qué hace que alfileres diluyan la racionalización de la dependencia o cómo el láser enseña una respuesta condicionada a eventos.

Siempre y cuando no ingreses nicotina por cualquier vía a tu organismo (tabaco, parches, chicles, inhaladores, comprimidos, shishas o cigarros electrónicos), los síntomas reducirán gradualmente su duración e intensidad. En el *Manual diagnóstico y estadístico de los trastornos mentales DSM-IV*, se encuentran los primeros ocho síntomas del cuadro 3.1, el noveno y el décimo han sido añadidos por la Clínica del Tabaco con base en la experiencia con los pacientes de la terapia interactiva.

Fumamos para evitar esos diferentes síntomas que la falta de nicotina en sangre desencadena, no porque nos guste. Fumar es inhalar conscientemente humo tóxico y monóxido de carbono producto de la combustión a 800 °C de hojarasca seca para proporcionar inconscientemente un alcaloide vasoconstrictor venenoso al cerebro. ¿Cómo podría gustarnos eso? ¿Es un placer inhalar los gases que salen de los escapes de los coches? También tienen monóxido de carbono. Así se suicidan algunas personas.

Cuadro 3.1. Síntomas del síndrome de abstinencia a la nicotina o cruda de tabaco.

	Síntomas	*Signos*
I	Estado de ánimo disfórico o depresivo.	Tendencia a dormir mucho, tristeza, melancolía, infelicidad o abatimiento.
2	Insomnio.	Dificultades para dormir, malos sueños, pesadillas, cansancio y somnolencia.
3	Irritabilidad, frustración o ira.	Aumento de hostilidad y disminución de tolerancia, mal humor.
4	Ansiedad o impaciencia.	Trastornos de miedo o estrés, sensación de intranquilidad y falta de aceptación.
5	Dificultades de concentración.	Baja en el rendimiento, incapacidad de enfocar la atención.
6	Inquietud.	Conversación negativa con uno mismo, preocupación excesiva y sin motivo aparente.
7	Disminución de la frecuencia cardiaca.	Variaciones en la presión arterial, aumento del flujo sanguíneo periférico y de la temperatura cutánea, temblor, dolores de cabeza.
8	Aumento del apetito.	Ajustes en la metabolización de glucosa, búsqueda de alimentos dulces.
9	Malestar generalizado.	Deterioro cognoscitivo, disminución de la memoria reciente y apatía.
10	Anhelos vehementes por fumar, que sólo duran segundos.	Ansiedad e irritabilidad asociadas a la caída de nicotina en sangre y la baja en la segregación de noradrenalina, generando disforia.

Objetivamente se comprueba que una vez que hemos dejado de ingresar nicotina a nuestro organismo existen cambios en un electroencefalograma (EEC) de control: como la disminución de la actividad característica del despertar y el aumento de la actividad característica de la somnolencia y despertar incompleto. En unas cuantas horas se detecta una baja en el rendimiento o en tareas que exigen coordinación psicomotora y aumenta la hostilidad.

Fumamos porque no toleramos cómo nos sentimos cuando no fumamos. Todos los síntomas se deben a la abstinencia a la droga, pero desaparecerán cuando tu cuerpo se libere de nicotina. *Craving* es un término anglosajón para referirse a las ansias por fumar, *el mono* es una denominación española y *cruda* es un término mexicano para referirse al síndrome en su conjunto.

Al abandonar el cigarro, dejamos de ingresar nicotina y se dejan de liberar depósitos de grasa y azúcar al torrente sanguíneo. La nicotina interactúa con los centros de saciedad del hipotálamo y mitiga la sensación de apetito. Al no ingresar monóxido de carbono al organismo, habrá más oxígeno en el cerebro, que como el motor de combustión interna (gasolina y aire), trabaja con base en dos componentes: glucosa y oxígeno. Si hay mucho de uno y poco del otro, la mezcla no es correcta y el motor no funciona bien. No te preocupes, tu cuerpo aprenderá a liberar glucosa normalmente, sin usar nicotina, durante este corto periodo de abstinencia inicial.

No te va a pasar nada malo por dejar de envenenarte con nicotina y monóxido de carbono e ingresar alquitranes cancerígenos (hidrocarburos aromáticos policíclicos, hidrocarburos volátiles y nitrosaminas) a tu organismo. Los cambios que se observan son la evidencia de que tu cuerpo regresa a su nivel de homeostasis (balance, equilibrio) natural. Al dejar de fumar se observa una disminución de la frecuencia cardiaca; cambios en la presión arterial, de la concentración de adrenalina y cortisol, así como en la función tiroidea. Se metaboliza menos, baja la temperatura corporal y aumenta el flujo sanguíneo periférico.

La intensidad del síndrome de abstinencia depende del tiempo transcurrido desde la última dosis de nicotina, del nivel de consumo y de la severidad de la dependencia. Sin embargo, al igual que ocurre con otras drogas, la intensidad varía notablemente entre personas. Algo que se debe tener en cuenta es que individuos con historial de depresión, trastornos de ansiedad o inestabilidad emocional, pueden ser más sensibles a los síntomas anteriores. Al terminar el periodo de desintoxicación, todos los síntomas desaparecerán por completo.

INDICACIONES PARA MITIGAR SÍNTOMAS EN LOS PRIMEROS DÍAS DEL DESARRAIGO DE LA ADICCIÓN

Ahora que inicias el proceso de desintoxicación para recuperar la paz mental, tranquilidad emocional, capacidad cognitiva, memoria y salud física que son tuyas por derecho propio y que el consumo de nicotina por cualquier vía te ha secuestrado, encontrarás que en un breve lapso todas volverán, unas antes que otras, pero las recuperarás por completo.

En tres días habrá terminado el periodo de desintoxicación fisiológica, en dos semanas las racionalizaciones para justificar la dependencia a la adicción se habrán agotado y habrás desaprendido la gran mayoría de asociaciones a eventos que generan ganas de fumar, que cada vez serán menos frecuentes y de menor duración; en tres semanas, los receptores neuronales se habrán autorregulado a la baja. En cuatro semanas habrás forjado el hábito de ser un ex fumador.

Has entendido la mecánica de acción de la nicotina y también el porqué del abandono de las racionalizaciones para justificar la dependencia. Te darás cuenta de que extinguirás las inconscientes ganas de fumar y la asociación a los eventos que dispara la respuesta condicionada de encender un cigarro después de un único encuentro consciente con tu mente racional.

En el periodo de abstinencia inicial, los síntomas más notables estarán presentes por unos tres días. Ten en cuenta que los síntomas siempre disminuyen en intensidad y duración, además de que es un estado temporal que terminará por suprimirse totalmente.

Durante los primeros 14 días encontrarás que el cerebro adicto pedirá nicotina y por momentos la exigirá. Pero te has dado cuenta cómo fue llevado a cabo el engaño fisiológico y ahora tienes la conciencia de los elementos suficientes para detener la dependencia. En 21 días tus receptores neuronales habrán regresado a sus niveles normales.

Fumar es una adicción inconsciente a un alcaloide de sabor amargo, incoloro e inodoro a temperatura ambiente (que al calentarse despide un ligero olor a pescado). Si vieras agua en un tubo de ensayo cerrado, no podrías reconocer la diferencia con la nicotina (porque si ésta se expone al aire se vuelve marrón), es un insecticida con un I.Q. de cero, el cual provoca una dependencia que podemos vencer por medio del conocimiento del proceso adecuado para el razonamiento consciente.

Manejo de posibles síntomas físicos y psicológicos de abstinencia a la nicotina

1. No te fumes otro cigarro sólo por hoy, un día a la vez. No te preocupes por el siguiente año, mes, semana o incluso mañana. Concéntrate en no fumar desde que te levantas hasta que te acuestas. Si tienes mucha ansiedad, no le des otra fumada a un cigarro sólo por este momento. Recuerda que, o fumas todo lo que ya te vienes fumando, o no fumas nada, no hay un punto medio porque una fumada vuelve a expresar los receptores neuronales a la alza al mismo nivel que tenías cuando fumabas.

2. Usa durante 14 a 21 días la pulsera azul antitabaco que te proporcionaron en la terapia interactiva. Es un recordatorio consciente de tu decisión de desarraigar de tu inconsciente la adicción a la nicotina por medio del abandono de racionalizaciones y el desaprendizaje de la respuesta condicionada.

3. La publicidad te ha mentido a costa de tu salud y a la larga de tu vida para mantener sus ganancias (¿cuánto te has fumado? [40 pesos por 365 días por ¿cuántos años? Son muchos miles de pesos...]). Ve las películas *Thank you for smoking* y *The insider*.

4. Ahorra el dinero que solías gastar en cigarros y cómprate algo que quieras después de un tiempo. Ya has hecho números. Ahorra en un año lo que gastabas en cigarros y vete a un centro vacacional con tu familia o pareja.

5. Las farmacéuticas saben que la vida media de la nicotina es de 30 minutos a dos horas y que en tres días tu cuerpo la habrá eliminado. ¿Cuánto quieren cobrarte y por cuánto tiempo debes utilizar la misma droga? También hay fármacos que bloquean parcialmente su entrada al cerebro, ¿quieres manipular tus centros de recompensa cerebrales? ¿o usar enjuagues?

6. En los primeros tres días toma jugos naturales, la vitamina C ayuda a eliminar nicotina de tu cuerpo y sus azúcares mantienen el nivel de glucosa en sangre. Ten a la mano chocolates y nueces, que consumidos con moderación, te ayudarán a liberar serotonina en tu sistema nervioso, además de betacaroteno y antioxidante omega 3 para mitigar síntomas del síndrome de abstinencia.

7. Si encuentras una crisis, especialmente en los primeros días (llanta ponchada, inundación, tormenta, enfermedad, situación familiar, trabajo...) recuerda que fumar no va a solucionar nada.

8. Masca la varita de orozuz, con sabor anisado y agridulce que te dieron en la terapia interactiva, ayudará a aliviar la ansiedad, y sus azúcares: glucosa y sacarosa, aminorarán síntomas del síndrome de abstinencia asociados a la baja de glucosa en sangre. Por supuesto no la tragues, mastícala como harías con una caña de azúcar.

9. Practica los ejercicios de relajación y respiración profunda que te enseñaron en la terapia cuando tengas ganas de fumar, son los únicos sustitutos razonables al consumo de nicotina. Ten presente que el episodio no durará más de unos segundos y cada vez serán menores su fuerza y duración.

10. Haz ejercicios físicos ligeros, camina al menos media hora diaria. Liberarás endorfinas de manera natural en tu sistema nervioso. Si no has practicado ejercicios por un tiempo, consulta con tu médico acerca de cuáles hacer y con qué frecuencia te los recomienda.

11. Modera tus alimentos, incluye frutas por la mañana y verduras por la tarde. Evita comidas pesadas y condimentadas. Mantén una dieta ligera con muchas ensaladas durante el periodo de abstinencia inicial.

12. Disciplina tus horas de descanso. Ocho horas de sueño es el estándar normal para un adulto. Acuéstate a las 10 de la noche durante el proceso de desintoxicación inicial.

En caso de crisis:

1. Apóyate en un poder superior a ti mismo. La oración de la serenidad ha probado ser de utilidad en el proceso de desintoxicación para desarraigar la adicción.
2. Lleva a cabo el ejercicio "Mis razones para dejar de fumar" del anexo 1 y mantenlo contigo, deja copias donde solías tener cajetillas. Cuando te encuentres buscando un cigarro, lee el texto.
3. Si estás a punto de fumar, no lo hagas antes de haber leído en voz alta el juramento del fumador incluido en los anexos de esta obra.
4. Pide apoyo emocional de tu familia, pareja o amigos, estarán contentos de brindarte una mano para ayudarte a salir de la adicción al tabaco.

5. Recuerda que la decisión de dejar de fumar es consciente, porque es lo que te conviene y tú haces lo que es mejor para ti. La ansiedad por consumir nicotina es inconsciente.

MINIMIZAR LOS EFECTOS SECUNDARIOS MÁS COMUNES AL DEJAR DE FUMAR

Dejar de ingresar a nuestro cuerpo poderosos venenos como nicotina y monóxido de carbono, además de alquitranes cancerígenos, tendrá efectos secundarios, ¡todos buenos! Sólo hay que saber qué está pasando para interpretar correctamente el proceso de rehabilitación por el cual atravesaremos una vez que dejemos de fumar:

1. Para no subir de peso, come vegetales y frutas en lugar de dulces y pastas. Apios y zanahorias pueden ser muy bien utilizados como sustitutos de cigarro a corto plazo.
2. Sigue los consejos de los nutriólogos: tres comidas principales con dos tentempiés entre comidas (frutas o cereales). No te malpases con la comida, si te da mucha hambre, creerás que sientes ansiedad por dejar de fumar.
3. Los alimentos tardan unos 20 minutos en liberar sus nutrientes al torrente sanguíneo. Comer despacio permite que la saciedad llegue sin comer de más y la glucosa se libere normalmente en tu organismo para alimentar al cerebro.
4. El cerebro funciona con oxígeno y glucosa. Al dejar de fumar tienes más oxígeno porque has dejado de inhalar monóxido de carbono, que es 200 veces más afín a la hemoglobina que el oxígeno. Si hay una sensación de cansancio, ésta se regulará por sí sola una vez que tu cuerpo comience a liberar glucosa a la sangre.
5. La asociación del cigarro y el alcohol es fuerte, y la propia naturaleza de su consumo relaja las defensas recién creadas para inhibir el consumo de tabaco; sé prudente en los primeros días y abstente de bebidas alcohólicas.

La glucosa en sangre disminuye en algunas personas cuando empiezan el proceso de desintoxicación inicial. Los efectos secundarios más comunes durante los primeros días a menudo se remontan al tema de la glucosa en la sangre. Los síntomas de la hipoglucemia son básicamente los mismos que aparecen cuando no hay suficiente oxígeno; efectos similares a las reacciones de experiencias a gran altura. La razón es el suministro insuficiente de glucosa y oxígeno: el cerebro no tiene combustible suficiente.

Si tienes mucho de uno y no del otro, tu cerebro no podrá funcionar de manera óptima. Cuando dejas de fumar tus niveles de oxígeno son mejores que como lo han sido en años, porque has eliminado hasta 15% de monóxido de carbono en tu organismo, pero con una cantidad limitada de glucosa tu cerebro no trabaja eficientemente.

Los efectos estimulantes de la nicotina alteran los niveles de glucosa en la sangre. Los cigarros causan que el cuerpo libere sus propias reservas de glucosa y grasa por la interacción con el alcaloide. Así es como básicamente funciona como supresor del apetito, afectando a las hormonas que regulan el hambre.

En ese sentido, la nicotina funciona más eficientemente que los alimentos, ya que al comer, los niveles de glucosa en la sangre tardan hasta 20 minutos para liberarse, y por tanto, el cerebro, para el efecto deseado de alimentarse, tendría que esperar ese tiempo.

En cambio, los cigarros, interactuando con la nicotina, hacen que el cuerpo libere sus propias reservas de grasa y glucosa en cuestión de segundos. Esto significa que tu cuerpo no ha tenido que liberar glucosa por sí solo en años, lo ha hecho utilizando los efectos de este vasoconstrictor venenoso.

Por eso mucha gente se atiborra de alimentos tras haber dejado de fumar. Dado que no se sienten inmediatamente mejor, comen un poco más. Continúan ingiriendo más y más comida, minuto tras minuto hasta que comienzan a sentir mejoría. Esto puede repetirse varias veces durante el día, causando la ingesta de una cantidad innecesaria de calorías y ocasionando un aumento de peso.

Cuando dejamos de fumar, el cuerpo entra en un estado de pérdida, mientras estabiliza su balance natural, ya que no ha funcionado con normalidad en un tiempo largo.

Por lo general, y cuando mucho al tercer día, nuestro organismo se reajusta y libera la glucosa necesaria. Sin comer nada más, el cuerpo encuentra la glucosa en la sangre más eficientemente.

Sería conveniente cambiar tus hábitos alimenticios y regresar a los que tenías antes de tu adicción a la nicotina. Esto no quiere decir que debas comer más, significa que es conveniente redistribuir los alimentos consumidos de una forma más constante para que las dosis de azúcar se reciban a lo largo del día.

Para reducir al mínimo algunos de los efectos de la baja de glucosa en la sangre durante los primeros días, lo que realmente puede ayudar a seguir sin fumar es beber jugo natural de frutas durante el día. Después del cuarto día esto ya no será necesario porque tu cuerpo estará capacitado para liberar las reservas de glucosa si tu dieta es normal.

Y ya que estamos hablando de alimentación, un componente importante en casi todas las dietas es el café. Al dejar de fumar e ingresar nicotina al sistema nervioso, la cafeína, como otros compuestos, se metaboliza más despacio, de modo que ahora, cuando tomes una taza de café, te sentirás como si hubieras tomado dos. ¡Como ex fumador es más barato salir a disfrutar de un buen café con los amigos!

Si tienes indicativos de problemas de glucosa en la sangre más allá de tres días, no estaría de más consultar con tu médico y tal vez conseguir algún tipo de asesoramiento nutricional.

BENEFICIOS AL DEJAR DE FUMAR

Para alguien que fuma una cajetilla de cigarros al día y considerando que cada cajetilla vale 40 pesos:

20 minutos después de tu último cigarro, ahorro: 2 pesos. Tu presión arterial disminuye, tu pulso baja y la temperatura de la sangre en tus manos y pies aumenta hasta llegar a la normalidad.

Dos horas después de dejar de fumar, ahorro: 10 pesos. Se ha reducido la nicotina en tu sistema a la mitad de lo que tenías al estar fumando. Dependiendo de tus patrones de consumo de tabaco, entre los 30 minutos y las dos horas desaparece la mitad de la nicotina que tenías en tu sistema.

Ocho horas después de dejar de fumar, ahorro: 20 pesos. El nivel de monóxido de carbono en tu sangre disminuye y el oxígeno aumenta al nivel normal de un no fumador. La nicotina ha caído 6.25 % de los niveles normales de todos los días como fumador, una reducción de 93.75 %.

A las 24 horas, ahorro: 40 pesos. Tus probabilidades de un ataque al corazón han disminuido. Tus ganas de fumar alcanzan sus niveles pico en intensidad y en un plazo máximo de dos semanas desaparecerán por completo.

En 48 horas, ahorro: 80 pesos. Tu sentido del olfato mejora y tu paladar cobra vida de nuevo. Las terminaciones nerviosas dañadas han comenzado a rehabilitarse. Aún hay picos de irritabilidad y ansiedad por fumar.

A las 72 horas, ahorro: 120 pesos. Los cilios pulmonares empiezan a regenerarse. Un ex fumador puede comenzar a limpiar los pulmones en cuestión de días. Uno de los primeros síntomas que aparecen es que tose, carraspea y escupe, se trata de mucosidad y materia atrapada que nunca se habían limpiado de manera eficiente mientras se fumaba, pero que ahora tienen una vía de escape y un organismo sanando para comenzar a barrer con las mismas. Se está empezando a limpiar un montón de basura en el pulmón (gran parte es alquitranes inhalados en la combustión del tabaco, con un sabor y olor acre muy penetrantes).

Tu organismo entero está 100 % libre de nicotina y más de 90 % de todos los productos químicos en que se descompone la nicotina han salido de tu cuerpo a través de la orina, sudor o saliva. Los síntomas de abstinencia han alcanzado su máximo en intensidad. Las ganas de fumar experimentadas durante cualquier día alcanzarán su punto más alto en el usuario promedio. Los tubos bronquiales del pulmón que conducen a los sacos de aire (alvéolos) están comenzando a relajarse. La respiración es cada vez más fácil y la capacidad pulmonar empieza a aumentar.

De cinco a ocho días, ahorro: 200 a 320 pesos. El ex fumador promedio reporta tres anhelos por fumar al día. En el caso de no ser un ex fumador promedio, y aunque un episodio de ansiedad por fumar pueda parecer de horas en duración, son sólo momentos, cuando mucho tres minutos. Mantén un reloj a la mano y te darás cuenta de que en verdad no duran mucho.

A los diez días, ahorro: 400 pesos. Los ex fumadores reportan cuando mucho dos eventos de ganas por fumar al día, cada vez de menor duración.

10 días a dos semanas, ahorro: 400 a 600 pesos. La rehabilitación ha progresado hasta el punto en que la adicción a la nicotina ha dejado de tomar las decisiones en tu vida. La circulación sanguínea en encías y dientes regresa a niveles similares a los de un no fumador.

A las dos semanas, ahorro: 600 pesos. Cesará cualquier sensación de ansiedad, ira, dificultad para concentrarte, impaciencia, insomnio, inquietud y depresión. Si sigues experimentando cualquiera de estos síntomas después de este tiempo, consulta a tu médico. Las racionalizaciones para justificar la dependencia se agotan.

A las tres semanas, ahorro: 840 pesos. Los receptores de acetilcolina se han autorregulado a la baja, están desapareciendo hasta los niveles observados en los cerebros de los no fumadores y recuperando su sensibilidad natural.

De 21 a 28 días, ahorro: 840 a 1120 pesos. Las asociaciones psicológicas se han extinguido. Las racionalizaciones para justificar la dependencia al tabaco e inducirte a fumar han sido abandonadas. Se ha forjado el hábito de ser un ex fumador.

Tres semanas a tres meses, ahorro: 840 a 3600 pesos. Tu riesgo de ataque al corazón continúa disminuyendo. Tu función pulmonar está restableciéndose. Tu circulación ha mejorado sustancialmente. Caminar se ha vuelto más fácil y el ejercicio ya no es tan agotador. Si hubo alguna tos asociada a dejar de fumar, ésta ha desaparecido.

Después de tres meses, ahorro: 3600 pesos. Mejora tu fertilidad. Esta es una razón frecuentemente pasada por alto cuando se buscan motivaciones para dejar de fumar. En los hombres se incrementan la calidad y la densidad de espermatozoides; en las mujeres aumentan las posibilidades de concebir, hay menor probabilidad de aborto involuntario o de dar a luz a bebés con mayor riesgo de muerte fetal, parto prematuro o bajo peso al nacer. Las manchas de alquitrán en los dedos y dientes ya no saldrán.

En los primeros nueve meses, ahorro 10 800 pesos. Te darás cuenta de que la falta de aire se mitiga y de que la tos, congestión nasal o fatiga relacionadas con el tabaco, se han reducido. Los cilios pulmonares han vuelto a crecer aumentando su capacidad para controlar mucosidades, mantener los pulmones limpios y reducir infecciones. El total de energía en tu cuerpo se ha incrementado.

Pasado un año, ahorro: 14 600 pesos. Tu riesgo de sufrir enfermedades coronarias, ataques al corazón o accidente cerebrovascular es de la mitad que el de un fumador. A estas alturas, y debido al aumento de oxígeno, tendrás una notable mejora en tu piel y encías. El oxígeno ayudará a reparar la piel seca y las arrugas prematuras.

Después de cuatro años, ahorro: 58 400 pesos. Hay una rehabilitación pulmonar de los daños causados por bronquitis crónica y de la obstrucción del aire de bronquios a los alvéolos pulmonares.

Habiendo pasado cinco años, ahorro: 73 000 pesos. El peligro de cáncer de pulmón se reduce 30%. También tu riesgo de cáncer de boca, garganta, esófago, vejiga, riñón y páncreas disminuye.

A partir de 10 años de dejarlo, ahorro: 146 000 pesos. El riesgo de una muerte prematura por complicaciones cardiovasculares prácticamente desaparece y te sientes como las personas que nunca han fumado.

El riesgo de ser diagnosticado con cáncer de pulmón es de 50% comparado con el de un fumador. El riesgo de muerte por cáncer de pulmón ha disminuido casi a la mitad, el de cáncer de páncreas se ha reducido al de un no fumador, mientras que el riesgo de cáncer de boca, garganta y esófago también se ha aminorado.

A los 13 años, ahorro: 189 900 pesos. El riesgo de pérdida de dientes por fumar se ha reducido al nivel de un no fumador.

Después de 15 años, ahorro: 219 000 pesos. Ya no tendrás mayor riesgo de sufrir un accidente cerebrovascular o una enfermedad coronaria que el de cualquier persona que nunca haya fumado.

A los 20 años de dejar de fumar, ahorro: 292 000 pesos. El peligro de muerte por todas las causas relacionadas con el consumo de cigarros, incluidas las enfermedades pulmonares y cáncer, se ha reducido al grado de un no fumador.

Además, dejar de fumar mejorará tu autoestima, capacidad cognitiva, memoria, economía, aspecto físico, lucirás más lozano y juvenil, desaparecerán tu mal aliento, el mal sabor de boca, la pestilencia en tus manos, casa y auto; se renovarán y verán mejor piel y uñas, y tendrás menos arrugas. Bueno, aquí nada más hay beneficios reales y tangibles. 180° de diferencia contra las supuestas "ventajas" que obtienes por fumar.

Considera los cuantiosos ahorros en tiempo, dinero, esfuerzo y situaciones adversas por visitas al médico y tratamientos por padecimientos relacionados con el consumo de tabaco; no sólo cuánto dejarás de gastar en cigarros, sino lo que ahorrarás en servicios de salud asociados tanto con malestares leves como con enfermedades más serias, ya sean tuyas o de las personas a tu alrededor. Añádele el costo de todo lo que no tendrás que reponer por quemaduras.

¿No te parece que son una avalancha de poderosas razones y motivaciones para no racionalizar más la dependencia y desaprender la respuesta condicionada para abstenerte de fumar? Hay que entender el mecanismo de acción de la nicotina, poner en la balanza los mitigables síntomas del síndrome de abstinencia y estos beneficios para darte cuenta de que ni siquiera son comparables.

VENTAJAS DE SEGUIR FUMANDO

Bueno, ya hemos hablado de los beneficios que obtendremos por abandonar una adicción que es una mentira. Deberíamos ser justos para equilibrar la balanza ¿no? Veamos las ventajas que aducen tabacaleras, farmacéuticas y en general, el inconsciente colectivo respecto al consumo de nicotina.

Vernos más grandes y maduros

Sí, la mayoría de nosotros empezamos a fumar en la niñez y la adolescencia temprana, entre los 10 y 16 años, en ese momento, con una inmadurez que sólo la niñez y adolescencia temprana se pueden dar el lujo de tener, fumamos para aparentar ser más grandes e interesantes. Ahora, varios años o décadas después, no necesitamos vernos más grandes, ya lo somos. A nuestros 40, 50, 60 o más años, ¿es un beneficio lucir mayores? Unas décadas más maduros y nos vamos a caer de interesantes del árbol, ¿es una ventaja acelerar el proceso fumando?

Está de moda, nos hace elegantes y atractivos

Pero no encuentro mucho sentido, es una moda vieja que costará la vida a la mitad de sus adeptos. Si sumas que el resto sufrirá condiciones incapacitantes relacionadas con el consumo de tabaco, el resultado es una moda mortal. ¿Los sepultureros habrán impuesto esta moda? ¡Ah! ¡No! Fueron las tabacaleras, con sus imágenes de gente bonita que fuma como chimenea. A ver cuándo la industria automotriz nos convence de que aspirar el humo caliente y tóxico de los tubos de escape de los coches está de moda, porque seguro pegarle la boca al escape de un coche con el motor encendido es muy elegante, nada más imagínate.

Es un gusto, un placer

Placer... ¿No sería más adecuado decir *alivio* de los desagradables síntomas del síndrome de abstinencia que ha causado meter nicotina a mi cuerpo? ¿Y si dejo de hacerlo? ¿No sentiré más el placer al dejar de sentirme ansioso, estresado, malhumorado, cansado, angustiado, con dolor de cabeza, irritado o intolerante? Es que ya no voy a experimentar placer, porque si dejo de meter nicotina a mi organismo, en unos días dejaré de sentir todos esos desagradables síntomas y ya no podré mitigarlos metiéndome nicotina... ¡Duh!

En el capítulo de un programa de un doctor muy creativo, pero medio loco, creado para la televisión, el personaje principal se da un martillazo en la mano, rompiéndose varios huesos para sentir el alivio del dolor que tiene en su pierna. Seguro sintió placer de que ya no le doliera la pierna, ahora le dolía la mano martillada. ¿Y si no le hubiera dolido la pierna habría sido deseable el martillazo en la mano? ¡He ahí la ventaja! Obtenemos un placer malsano y deformado al hacernos sentir miserables a nosotros mismos.

Maneja mi ansiedad, estrés y angustia

La ansiedad, estrés y angustia de la vida seguirán ahí mientras esté vivo, fume o no. Pero la ansiedad, estrés y angustia que la pérdida de nicotina en mi torrente sanguíneo causó, ésa sí la puedo aliviar temporalmente ¡fumando! De modo que si pienso en el huevo y la gallina, ¿qué pasaría si dejara de meter nicotina a mi organismo? ¡Oh, no! Dejaría de tener ansiedad adicional con la cual lidiar...

Es como las vendedoras que dicen: "No le puedo vender todas las naranjas, si no, ¿después qué vendo?" O el fumador activo esclavizado en la adicción a la nicotina que racionaliza al revés: "No puedo dejar de fumar, porque si lo hago, dejaré de sentirme ansioso, y bueno, tú sabes, vivir angustiado y estresado es la forma de vida que he escogido a nivel consciente. Genera más radicales libres, oxidando mejor mis órganos, acortando mi existencia y reduciendo mis capacidades físicas y cognitivas por hacer trabajar a marchas forzadas a todos los órganos de mi cuerpo."

Me ayuda a salir del aburrimiento

Como fumadores activos, fumamos de manera automática al estar aburridos. Cuando nos sentimos así se dispara uno de los condicionadores más importantes de los seres humanos: "¡Haz algo!" "Gánate la vida." "Sal a cazar." "Sobrevive." De modo que la ansiedad que experimentamos se dispara desde nuestros centros elementales de recompensa cerebrales para subsistir.

Ahí está esa ansiedad que en el pasado hubiera servido para cazar en grupo a algún animal, con el cual alimentar a la tribu. Pero bueno, millones de años de evolución después nos encontramos esperando a alguien por 20 minutos en una cita y estamos aburridos, ansiosos y en la zona de fumadores... ¡Qué gran ventaja contar con este potente veneno químico que nos permite lidiar con el aburrimiento! Lástima que todo sea una mentira, que no haya ninguna situación de "huir" o "pelear", y lo único que esté haciendo sea asentir a la respuesta condicionada de ¡encender un cigarro!

Permite que me concentre en mis cosas o me hace mejor pensador

¡Claro que me concentro! Por unos minutos, y después de aliviar temporalmente esa ansiedad que me corroe para salir a fumar a la primera oportunidad que tenga. Con eso de que ya no se puede fumar en el escritorio por el asunto del humo de segunda mano o humo ambiental de tabaco (HAT), paso más tiempo rumiando mi malestar que concentrado en las responsabilidades que me han sido asignadas. Qué mal que clientes internos y externos de la organización a la que pertenezca deban sufrir mis arranques de mal humor e incompetencia, pero bueno, la adicción es una enfermedad de acuerdo con la OMS ¿no? Y nadie se atrevería a señalar a un enfermo de las emociones ¿o sí?

Una vez que he fumado y aliviado mi angustia e irritación por no poder fumar, regreso a mi escritorio a empezar de nuevo el ciclo de consumo-liberación-ansiedad. ¡Excelente forma de impactar la productividad escolar, empresarial y gubernamental! Hay que repetirla cada que mi nivel de nicotina en sangre baje, y si además puedo llevarme a algunos otros compañeros fumadores conmigo, el efecto sumado puede tener una mayor consecuencia en la rentabilidad y resultados en la eficiencia *per capita* de la organización.

Estaremos socializando y creando un ambiente de trabajo más afable. Claro, en el tiempo que he acordado laborar y por el cual devengo un salario, pero eso es *pecata minuta*. ¿Cuánto tiempo puede ser? Cinco minutos para llegar a la salida, 10 para fumarme el cigarro y platicar, cinco para llegar a mi lugar... 20 minutos. Si nada más me fumo cinco cigarros, es una hora y 40 minutos al día, a la semana son más de ocho horas, un día laboral completo. ¿Y si me descontaran 20% de mi salario neto? Así podría fumar a gusto y sin remordimientos, ¿qué tanto es tantito? ¿Y si la empresa tuviera 20.4% de fumadores? Ups... Con razón los fumadores ya empleados no son reconocidos con el mismo nivel de rendimiento y compromiso que los no fumadores.

Considerando que el cerebro se alimenta de oxígeno y glucosa, y que los procesos cognitivos como la concentración, deducción y análisis dependen de la capacidad de razonamiento debida a este importante órgano, me pregunto: ¿cómo impactará al cerebro el ingreso de un poderoso veneno como el monóxido de carbono que roba a la sangre la capacidad de transportar oxígeno? ¡Seguro que tener el cerebro copado con monóxido de carbono es una ventaja competitiva en este complicado mundo! ¡Hace librepensadores "carbonatados"!

A mayor monóxido de carbono en el cerebro, peores resultados en todas las pruebas cognitivas que puedas imaginarte en cualquier estudio serio de los cuales tienes referencia en el contenido del manual, en la bibliografía y en las fuentes al final del mismo. ¿Te permite concentrarte mejor? Ajá, seguro. También andar sin comer te permite que te concentres ¡en tu próxima comida!

Me despierta por las mañanas

Como fumador me levanto y me siento horrible, cansado, malhumorado, ansioso, depresivo. La ventaja está en fumarse uno o dos cigarros y aliviar temporalmente esas espantosas sensaciones. Claro que si dejara de fumar, ellas desaparecerían por completo en unos pocos días y como ex fumador me levantaría fresco, descansado, de buen humor y en general con mejor estado de ánimo.

Supongo que salir del síndrome de abstinencia a la nicotina por las ocho horas que he estado sin consumirla es una ventaja. ¡Supón que nunca vuelvas a sentirte así de mal por las mañanas! No, mejor me sigo sintiendo mal para poder fumar y sentirme más o menos como cuando un no fumador se levanta. Hay quien para despertar se toma una taza de café, por lo que algunos fumadores racionalizan argumentando que la cafeína también es un alcaloide. Eso es cierto, pero la dosis mortal (LD50) de cafeína es de 10 000 miligramos, comparada contra 30 miligramos de nicotina.

Mark Twain, autor de *Las Aventuras de Tom Sayer*, declaraba que su consumo de cigarros se limitaba a sólo un cigarro por vez, sin dejar de hacerlo mientras estaba despierto y no fumando mientras dormía. Lástima que un escritor tan ocurrente haya fallecido de la primera causa de muerte provocada por fumar: un ataque al corazón.

Sirve para evitar la depresión

Esta es la más engañosa y mortal de las "ventajas" que he oído. Es cierto que la nicotina tiene un efecto antidepresivo muy efímero, así como también es innegable que el alcohol tiene un efecto sedante. De no ser por los peligrosos efectos secundarios, se usaría alcohol como anestesia general, y de no secuestrar los receptores neuronales con tal fuerza que cada vez aparezcan más, y al mismo tiempo pierdan su sensibilidad natural, la nicotina hubiera sido alguna vez considerada terapéutica para tratar con un estado de ánimo depresivo.

Cuando Cristóbal Colón descubrió América en 1492 se pensaba que la Tierra era plana, y en 1560 se creía que el tabaco tenía propiedades terapéuticas, por eso fue introducido en Francia. Qué mal que en el siglo XXI la avalancha mundial de evidencia médica irrefutable sobre los muchos y diversos daños que genera su consumo esté bien documentada. Nada más termines de leer el capítulo 5, tapas el sol con tu dedo y nos dejas a todos en el oscurantismo. Con el pulgar por favor, el dedo índice podría no ser suficiente.

¿Para qué ver a un psiquiatra que pudiera dar tratamiento y en su caso indicar benzodiacepinas en un cuadro de depresión? No, muy complicado, mejor me fumo una cajetilla de cigarros al día para lidiar con mis momentos de tristeza. No hay mucho que agregar respecto a esta "ventaja", salvo que quien la considere como tal debe acudir lo más pronto posible con un profesional en psicología o psiquiatría. Usar el tabaco como antidepresivo es un lento suicidio.

Si el fumador activo, aún esclavo de la adicción al tabaco, se diera la oportunidad de probar lo bien que se siente haber salido de las garras de la nicotina y abandonara la prisión donde estuvo durante tanto tiempo, eso serviría para mejorar el estado de ánimo a cualquiera. Piensa cómo se sintió el conde de Montecristo al encontrarse en libertad.

Me puedo hacer la víctima y me hacen más caso

¡Mira que si me haces enojar voy y fumo eh! ¡Pobre de mí, mira lo mucho que sufro por no poder dejar de fumar! ¡Compadéceme, mis emociones están distorsionadas! ¡No puedo dejar de fumar, soy débil sin paz mental! ¡Fumo por lo malo que has sido conmigo! ¡Es que tengo problemas! Es que... bueno... ya no me acuerdo, ¡pero ya me fumé otro cigarro!

Depender de las circunstancias externas para estar bien o buscar que los demás sean responsables de nuestra estabilidad emocional es no querer encontrar el verdadero origen en uno mismo. Hemos visto casos en las terapias interactivas donde el fumador no presta atención a nada a su alrededor, salvo a los eventos que disparan la respuesta condicionada de encender un cigarro. Utilizar la adicción como chantaje coercitivo ante otras personas es, sin duda, una de las peores racionalizaciones que cualquier fumador puede esgrimir para justificar su dependencia. Además de que no tiene caso, el solo intento resulta patético.

Así controlo mi peso y me veo mejor

Verse mejor depende de estar mejor. La publicidad y el consumismo incitan a adquirir bienes y servicios innecesarios para buscar una satisfacción inmediata y así mitigar carencias fundamentales que no se han solventado mediante la madurez que brinda estabilidad emocional y paz mental. No hay píldoras mágicas ni remedios milagrosos, además, el hecho de que tu estado de ánimo dependa de las apariencias es un camino seguro a la infelicidad.

La respuesta suele ser como mi padre decía: "La honestidad y el trabajo arduo enaltecen al hombre." La vida misma es un proceso de trascendencia y mejora personal, hay que ganarse la vida, pero la búsqueda de resultados inmediatos y sin esfuerzo ha probado dejar vacíos no nada más el carácter y el alma, también los bolsillos.

¿Quieres tener un talle más chico y verte mejor? Modera la ingesta calórica y al menos camina media hora diaria. No dejes que la racionalización de "engordaré si dejo de fumar" tome la decisión de encender otro cigarro; mejor acude a un nutriólogo, sigue sus indicaciones, modera el consumo de grasas y carbohidratos, y procura tener una vida menos sedentaria.

QUE QUEDE CLARO: NO HAY NINGUNA VENTAJA, NI UNA SOLA

Lo que hay es sarcasmo e hipocresía de industrias cuyos intereses mercantileros y egoístas han manipulado nuestros deseos para hacernos entrar y mantener el contacto con un insecticida natural extremadamente adictivo: la nicotina. Además, hay oportunistas que pretenden vender productos milagro o hechizos mágicos para dejar de fumar.

Para los fumadores hay un lastre que creen que deben conservar para mantener el barco a flote. Como ex fumadores, al tirar ese lastre por la borda podemos navegar más ligeros por la vida. Los síntomas del síndrome de abstinencia no son tan malos como la mercadotecnia corporativa promociona. Ahora sabes cuáles son las variables (beneficios por abandonar la adicción y las supuestas "ventajas" por seguir fumando) que debes considerar cuando mantengas la decisión de conservar tu abstinencia.

El humo de tabaco dispersado por transnacionales y que la ignorancia valida en mitos populares no es nada más que una bocanada que se disipará muy pronto. Hay que entender la mecánica de acción de la nicotina, dejar de racionalizar la dependencia y desaprender la respuesta condicionada para superar en unos días el síndrome de abstinencia.

Suceda lo que suceda, celebres lo que celebres, tengas el duelo que tengas, sólo por este momento no le des otra fumada a un cigarro. Paso a paso se va lejos. Un día a la vez. Créeme, estarás mejor sin fumar. El billón de ex fumadores de largo plazo alrededor del mundo vivos hoy te lo podemos asegurar.

Contacta a la Clínica del Tabaco para participar en la Terapia Interactiva *Dejar de fumar, ¡de una vez!* que es posible llevar a cualquier parte del país o del mundo (en español, inglés o portugués); es toda una experiencia asistir después de haber aprendido lo que has leído en este manual y ver personalmente el sustento documental de las piezas que dieron base al P6P.

Nuestros resultados certificados ante notario público se obtienen interactuando presencialmente con un terapeuta especializado que conozca bien las bases del P6P, guíe a los pacientes a través del proceso metodológico de la terapia fisiológica y conductual cognitiva y esté documentado con resultados recientes, validados científicamente en estudios serios que no busquen insidiosamente manipular evidencia para promocionar un producto o servicio.

La terapia interactiva del programa puede desarraigarte del consumo de tabaco y brindarte la abstinencia a la nicotina. Sus resultados se validan en cada sesión de trabajo con más fumadores que ahora son felices ex fumadores de largo plazo. Las puertas de la Clínica del Tabaco están abiertas, la idea es tener una inmersión completa en el P6P para recuperarte del tabaquismo por medio del tutelaje experto para seguir la dirección correcta y en el orden adecuado. Déjate guiar con respeto, atención y buena voluntad.

Asistir y conocer los estudios científicos que sustentan los programas aporta mucho en tiempo y en la motivación necesaria para apagar tu último cigarro. El manual contiene lo necesario para que le des mantenimiento de por vida a tu adicción y dejes de fumar ¡para siempre!, sigue los seis pasos para recuperarte del tabaquismo en el orden sugerido por tu terapeuta.

Dejar de consumir nicotina, monóxido de carbono y alquitranes es un proceso de aprendizaje, que si se hace adecuadamente no tiene por qué ser angustiante o estresante, sino todo lo contrario, cada día que pases sin fumar estarás y te sentirás mejor.

Capítulo 4

Entorno social y económico de la drogadicción nicotínica

¿QUÉ CONTIENE UN CIGARRO?

El trío de compuestos más peligrosos que se inhala por la combustión del cigarro es:

1. *Nicotina.* Alcaloide venenoso que sintetiza el tabaco que hay en los cigarros. Un cigarro sin nicotina no desarrolla dependencia y simplemente no sería comercializado por las tabacaleras. No sería negocio porque no habría adicción. Por eso no hay cigarros de lechuga.
2. *Monóxido de carbono* (CO). Provoca falta de oxígeno en la sangre (hipoxia), haciéndola más pegajosa y espesa (carboxihemoglobina). Por tanto, corresponsable de la acumulación de peligrosos depósitos de grasa en todo nuestro sistema cardiovascular.
3. *Alquitranes.* Principales cancerígenos y mutagénicos reconocidos. Son las sustancias aceitosas marrón-amarillentas que producen el fuerte y desagradable olor acre. Eso que te da tanto asco al limpiar el cenicero. Tus sentidos gritan que te alejes de esas sustancias porque son muy peligrosas.

Observa cualquier cajetilla de cigarros de una marca regular. Además de los pictogramas, están rotuladas con las cantidades de nicotina, monóxido de carbono y alquitrán que contienen. Encontrarás que el contenido de nicotina va desde 0.05 mg/kg hasta 2.75 mg/kg, con un promedio de 1.1 mg/kg.

De acuerdo con el doctor Neal Benowitz, director del Departamento de Farmacología Clínica de la Universidad de California en

Los Ángeles (UCLA), quien coincide con una larga lista de investigadores, tres de las principales sustancias mutágenas y cancerígenas para el ser humano son los hidrocarburos aromáticos policíclicos (benzopireno), hidrocarburos volátiles (benceno) y las nitrosaminas, mejor conocidas como alquitrán.

En abril de 1994 las cinco mayores tabacaleras de EUA fueron requeridas a entregar al Departamento de Salud y Servicios Humanos de Estados Unidos (*United States Department of Health and Human Services*) una lista que incluyó 599 de los 616 aditivos que añaden a los cigarros que fabrican.

En la combustión de un cigarro se crean más de 7000 compuestos químicos. La combustión cambia las propiedades de las sustancias químicas. De acuerdo con el mencionado departamento, en el humo de los cigarros se encuentran los siguientes cancerígenos y mutagénicos para los humanos:

Cuadro 4.1. Increíble lo que uno introduce al cuerpo inconscientemente para mantener el nivel de nicotina en sangre.

Sustancia química	Cantidad (por cigarro)
Hidrocarburos aromáticos policíclicos.	De 28 a 100 miligramos.
N-Nitrosodi-n Butilamina.	3 nanogramos.
N-Nitrosodimetilamina.	De 5.7 a 43 nanogramos.
N-Nitrosodi-n Propilamina.	1 nanogramo.
4-(N-Nitrosometilamino)-1-(3-Piridilo)-1-Butanona.	Hasta 4.2 microgramos.
N-Nitrosonornicotina.	14 microgramos.
N-Nitrosopiperidina.	Desconocida.
N-Nitrosopirrolidina.	113 nanogramos.
N-Nitrososarcosina.	De 22 a 460 nanogramos.
Acetaldehído.	De 980 microgramos a 1.37 miligramos.
Acrilonitrilo.	Anteriormente de 1 a 2 miligramos. Este producto se usaba como insecticida en las plantaciones de tabaco.
4-Aminobifenilo.	De 0.2 a 23 nanogramos.
Benzopireno.	Desconocida.

Cuadro 4.1. (*Continuación.*)

Sustancia química	Cantidad (por cigarro)
Arsénico.	Desconocida.
Benceno.	De 5.9 a 75 microgramos.
Berilio.	0.5 nanogramos.
1,3-Butadieno.	De 152 a 400 microgramos.
Cadmio.	1.7 microgramos.
1,1-Dimetilhidracina.	Desconocida.
Óxido etilénico.	Desconocida.
Formaldehído.	Desconocida.
Furano.	Desconocida.
Aminas neterocíclicas.	Desconocida.
Hidracina.	32 microgramos.
Isopreno.	3.1 miligramos.
Plomo.	Desconocida.
2-Naftilamina.	De 1.5 a 35 nanogramos.
Polonio-210.	Variable. Radiactivo: De 0.33 a 0.36 [pCi/gr] picocurios por gramo de tabaco de cigarro.
o-Toluidina.	32 nanogramos.
Cloruro vinílico.	De 5.6 a 27 nanogramos.
Nitrometano.	Desconocida.

Estos compuestos están agrupados en las dos fases generadas por la combustión del cigarro: fase gaseosa y fase particulada. En promedio se obtienen unos 200 mg de materia total al fumar un cigarro, de los cuales 80 % es nitrógeno (N^2), oxígeno (O^2) y dióxido de carbono (CO^2); 8 % de materia húmeda particulada, sobre un alquitrán o brea, que mancha los dientes y manos, así como la que impregna las ropas y cabellos de los fumadores activos y pasivos, produciendo el fuerte y desagradable olor acre; 7 % es monóxido de carbono CO (gas tóxico que compite con el oxígeno por la hemoglobina impidiendo el transporte de oxígeno a nuestras células), hidrógeno (H^2), argón (Ar), cianuro de hidrógeno (HCN, gas venenoso), metales pesados como el cadmio (Cd), elementos radiactivos (polonio 210) y otros gases. Tal vez lo más preocupante de los compuestos tóxicos que se desprenden de la combustión del cigarro es que hay un porcentaje que aún no ha sido identificado.

Todos estos compuestos son extremadamente tóxicos y entre ellos hay decenas de conocidos agentes cancerígenos y mutagénicos que por sí solos son mortales, y cuya combustión combinada los hace aún más; hay una manera de mantenerse libre de ellos sin que ingresen a nuestro organismo y esa es simplemente no fumar y alejarse de concentraciones de humo ambiental de tabaco.

EL PODER DE LA PUBLICIDAD

Hay chistes de que en las escuelas privadas se paga por pisar el pasto y éste se fuma gratis en las escuelas públicas. Pero, ¿cuándo has visto publicidad para que se fume el pasto? Las promesas publicitarias pueden influir en nuestros deseos por productos, y entre más ingenuos seamos, más efectivas serán y más propensos estaremos a adquirir productos milagro o probar hechizos mágicos. Las aseveraciones que la publicidad promueve son muchas veces engañosas o exageraciones. Ninguna estrategia mercadotécnica abusa más de la verdad que los cigarros. ¿Alguna vez fumaste cigarros hechos con hojas de lechuga? ¿Sí? Mentira. Nunca fumarías algo que no contenga nicotina y la lechuga no sintetiza nicotina.

Así como un niño espera grandes cosas de juguetes ampliamente publicitados, los fumadores tienen confianza en los beneficios emocionales generados por inhalar el humo tóxico y cancerígeno producto de la combustión de hojarasca seca. Decirle a un fumador la verdad sobre sus cigarros mientras él está en medio de la psique del adicto resulta en un estado de negación, enojo y desafío.

No puede creer que sus cigarros, muletas y aliados, lo dañarían de alguna manera. Lo ayudan a recuperarse de los traumas y a disfrutar de la vida al máximo. Piensa en todo lo que hace con ellos. Despierta por las mañanas, trabaja, juega, come y bebe, va al baño, lee el periódico, ve televisión, socializa con todos sus amigos e incluso los tiene en su mente durante el sexo. Si cualquier persona anduviera al lado de él tanto, lo volvería loco. Pero no sus queridos cigarros: ellos mejoran todo. Hasta la publicidad lo pregonaba.

Eso decía la publicidad, pero no era cierto, se trataba una vez más de afirmaciones distorsionadas 180° de la realidad. No consumimos tabaco durante todas esas actividades porque así lo hayamos decidido, fumamos porque hemos asociado esos eventos a la respuesta condicionada de encender un cigarro. Los fumadores somos drogadictos. No podemos disfrutar de los placeres naturales, no importa lo buenos que sean, hasta que el nivel de nicotina en nuestra sangre se eleve. Estamos controlados por este producto. Las tabacaleras saben que una vez que nos hayamos enganchado, seremos clientes leales por años, décadas, hasta que una muerte prematura ocasionada por una enfermedad relacionada con el consumo de tabaco nos alcance. Es cuestión de tiempo y tabaco.

Los cigarros no son amigos, son pésimos conocidos, y si los dejamos se convierten en acérrimos enemigos. Una vez que te deshagas de ellos mantente alejado. Sí, seguirán estando disponibles, y habrá estrategias para atraer tu atención. Pero sabes la verdad acerca del tabaco. No dejes que ningún fumador que se sienta inferior, tabacalera o agencia de publicidad que desean mantener su vasta riqueza a costa de tu salud y a la larga cobrar tu vida, te convenzan de algo diferente.

Hasta enero del 2004, los anuncios publicitarios de "Venga al sabor" eran trasmitidos por televisión y radio, resultaban fácilmente reconocibles en periódicos, revistas y espectaculares. Hace tres décadas la mayoría de los fumadores que hoy tiene 40 años o más, éramos unos niños y adolescentes. Para que no haya nostalgia, habrá que recordar el "Tabaco Adventure Team" o el "Tabaco Beat" y notar que las tabacaleras patrocinaban cuanto evento masivo tenían oportunidad. Qué bueno que la conciencia social despierta.

¿Has escuchado este anuncio del INEGI en radio? Dice algo así: "El método fácil para bajar de peso: ¡Coma todo lo que quiera y en las cantidades que quiera!" Aparece una voz de mujer: "Yo como tortas y tamales todos los días, ¡bajé 8 kilos!" Continua la voz de un hombre: "Yo ceno tacos todas las noches, ¡bajé 12 kilos!" Entonces entra la voz del funcionario del INEGI: "No sea ingenuo, no crea todo lo que dice la publicidad. ¿Quiere información confiable? Venga al INEGI." Me atrevo a parafrasear las líneas con: ¿Quiere dejar de fumar ¡definitivamente! con el conocimiento correcto? Venga a la Clínica del Tabaco.

¿Sabías que Wayne McLaren, el "Hombre Marlboro" que hacía los comerciales de la marca, murió de cáncer pulmonar y metástasis cerebral a los 51 años de edad, después de habérsele extirpado un pulmón y haber recibido quimioterapia? Wayne apareció poco antes de morir en una junta de accionistas de la Phillip Morris pidiendo reducir la publicidad dirigida a los menores, la respuesta que obtuvo fue: "Sentimos saber de sus problemas de salud, pero sin conocer su historial médico no podemos comentar más al respecto." Las últimas palabras de Wayne fueron: "Cuiden a los niños, el tabaco mata, soy prueba de ello." Con todas sus letras se dijo en el discurso del gobierno federal el Día Mundial sin Tabaco 2011 en la Residencia Oficial de los Pinos en México: "Fumar mata."

La vida puede ser más larga sin fumar, y la vida es mejor como ex fumador. Considera esto cuando cualquier fuerza externa o interna intente inducirte a fumar.

VISIÓN LATINOAMERICANA

De acuerdo con los datos disponibles a la fecha por parte del CDC (*Centers for Disease Control and Prevention*), que concentran las cifras de consumo de tabaco no sólo de Estados Unidos, sino del mundo, la población registrada en los últimos censos nacionales de los 12 países más fumadores de América Latina, y el ajuste de los datos por edades de 12 a 65 años, los resultados de fumadores por país son los que se presentan en la tabla 4.1:

Tabla 4.1. Fumadores latinoamericanos en los países con más consumo (ajustados por edades de 12 a 65 años).

	País	Porcentaje de fumadores	Población en el país	Fumadores estimados
1	Brasil	21.8	194 946 470	25 645 829
2	México	20.4	113 724 226	14 000 000
3	Perú	52.5	29 248 943	9 266 471
4	Argentina	32.3	41 769 726	8 141 586
5	Colombia	26.8	44 725 543	7 233 280
6	Venezuela	35.9	27 635 743	5 987 017
7	Chile	48.3	16 888 760	4 922 546
8	Ecuador	45.5	15 007 343	4 120 596
9	Bolivia	37.6	10 118 683	2 295 920
10	El Salvador	38.0	6 071 774	1 392 336
11	Paraguay	23.4	6 459 058	912 074
12	Costa Rica	29.0	4 576 562	800 907
		34.3	511 172 838	84 718 562

Hagamos unas sencillas operaciones aritméticas que por supuesto no buscan la exactitud del detalle y habría que considerar otras variables, pero servirán para dar una semblanza de las proporciones del problema en la región. Veamos, si se calcula que México gasta más de 75 mil millones de pesos en servicios de salud por diagnóstico, tratamiento y rehabilitación asociados al consumo de tabaco y tiene 14 millones de fumadores; con 85 millones de fumadores el monto erogado por los gobiernos latinoamericanos sería de 455 mil millones de pesos, a $ 12.50 por dólar son más de ¡36 mil millones de dólares al año!

De acuerdo con los indicadores de desarrollo de 2010 del Banco Mundial y del Fondo Monetario Internacional, esa cantidad de dinero es mayor que el Producto Interno Bruto (PIB) a valores de Paridad de Poder Adquisitivo (PPA) de cada uno de los países de la tabla 4.2:

Tabla 4.2

País	Millones de dólares (EUA)	País	Millones de dólares (EUA)
Nepal	35 231	R. D. del Congo	22 718
Jordania	34 617	Gabón	22 246
Honduras	33 537	Georgia	22 194
Paraguay	31 469	Mozambique	21 200
Afganistán	29 616	Brunei	19 925
Estonia	24 363	Madagascar	19 398
Guinea Ecuatorial	24 139	Macedonia	19 330
Jamaica	23 945	Nicaragua	17 269
Senegal	23 818	Islandia	11 837
Albania	23 632	Haití	11 056
Chipre	23 017	Mongolia	10 252

Es más que el PIB a valores de PPA sumado de los países de la tabla 4.3:

Tabla 4.3

País	Millones de dólares (EUA)	País	Millones de dólares (EUA)
Gambia	3384	Timor Oriental	3062
Lesoto	3218	Belice	2651

Tabla 4.3. (*Continuación.*)

País	Millones de dólares (EUA)	País	Millones de dólares (EUA)
Seychelles	2129	Vanuatu	1188
Yibuti	2104	Granada	1121
Cabo Verde	1864	San Vicente	1100
Guinea-Bissau	1793	Samoa	1043
Santa Lucía	1779	Comoras	800
Maldivas	1755	Dominica	761
Liberia	1709	Tonga	738
Islas Salomón	1578	San Cristóbal	715
Antigua y Barbuda	1424	**Total**	**35916**

En ese sentido, ¿valdría la pena aplicar políticas públicas que con base en el P6P, reduzcan tangiblemente el consumo de tabaco en los países latinoamericanos, y así mitigar las devastadoras consecuencias en incapacidades, pérdidas prematuras de vidas y en gastos de salud que este flagelo causa? La mejora en la calidad de vida, el desarrollo y la economía de la región sería notable.

Un plan de trabajo nacional para el combate al tabaquismo en un país trasciende los planes sexenales de los gobiernos en turno, pero es necesario darle continuidad transexenal. Su impacto positivo en la competitividad nacional es incuestionable. Además del beneficio en salud y mejora en la calidad de vida, imagínate lo que se podría hacer con todos esos recursos en otros servicios prioritarios de salud, alimentación, infraestructura, educación, investigación y/o desarrollo. Se acercaría el país un poco al primer mundo.

¿Dogmático? Irlanda fue el primer país europeo no fumador. Aplicó las acciones contempladas en el programa MPOWER –*Monitor, Protect, Offer, Warn, Enforce, Raise*– (Vigilar, Proteger, Ayudar, Advertir, Reforzar, Encarecer) para el control del consumo de tabaco del CMCT (Convenio Marco para el Control del Tabaco) de la OMS. Alineándose un tratamiento exitoso como el P6P a los dependientes y desarrollando programas de prevención a los niños y preadolescentes para evitar que experimenten con el consumo de tabaco, la solución estaría más al alcance y se podría erradicar la pandemia en el siglo XXI. ¿Por qué no? La peste negra se erradicó en el siglo XIV y la viruela en el siglo XX.

"La sociedad tiene todo que ganar en esta lucha contra el tabaquismo", se declaró en la ceremonia del Día Mundial sin Tabaco 2011 en la Residencia Oficial de los Pinos, llevada a cabo por las autoridades mexicanas. Unir esfuerzos entre el gobierno, los profesionales sanitarios, las organizaciones civiles y de la sociedad en general, es requerido para contrarrestar los devastadores efectos de salud, económicos y sociales de esta adicción que diezma a la población consumidora y también es un pesado lastre para el resto del país. Es simple: ingerir veneno mata, además de que inhalar gases tóxicos incapacita antes de conseguirlo.

SECRETOS DE LA INDUSTRIA TABACALERA

Documentos confidenciales acerca de las tácticas de las tabacaleras para proteger sus ganancias, en detrimento de los esfuerzos de salud pública en Norteamérica, América Latina y el Caribe fueron expuestos a la luz pública en los noventas y aportaron pruebas de los intentos de la industria para confundir a los consumidores y socavar iniciativas de salud.

Para descubrir lo que revelan esos documentos acerca de las actividades de la industria tabacalera en América Latina y el Caribe, la Organización Panamericana de la Salud (OPS) encargó un proyecto de investigación centrado en los dos líderes del mercado en la región: *British American Tobacco* (BAT) (que adquirió *Brown & Williamson*) y *Philip Morris International* (PMI).

El resultado obtenido después de un arduo trabajo de investigación, de más de 10 000 páginas de documentos públicos, es el informe "La rentabilidad a costa de la gente: Actividades de la industria tabacalera para comercializar cigarros en América Latina y el Caribe y minar la salud pública" (OPS, 2003), por Aguinaga y Shatenstein. Disponible en: <http://www.paho.org/spanish/dd/pub/rent-cos-gen.pdf>.

Se otorgó permiso expreso por escrito tanto de los mencionados consultores del informe, como de la OPS para referenciar sus trabajos en este manual. El artículo "Secretos de la industria tabacalera" sobre el documento, escrito por Donna Eberwine, se publicó en el núm. 1 del volumen 8 de la revista de la OPS *Perspectivas de salud*,

disponible en: <http://www.paho.org/spanish/dd/pin/numero16_
articulo3_1.htm>. Algunas de sus referencias, incluyen:

> Los problemas que deben enfrentar las tabacaleras en América, son
> el humo ambiental del tabaco, las restricciones al consumo de tabaco en
> público, y el hecho de que el hábito de fumar no sea socialmente acepta-
> ble. En este contexto no debe subestimarse la influencia de las noticias
> desfavorables sobre el consumo de tabaco divulgadas por los medios de
> comunicación internacionales (en especial en Estados Unidos e Inglate-
> rra) y por la OPS/OMS.
> La industria tabacalera está abocada al desarrollo de estrategias
> de cabildeo y de creación de coaliciones con quienes tienen intereses
> económicos comunes con ella, y su objetivo es adelantarse permanente-
> mente a las intenciones de sus adversarios.

Según revelan los documentos secretos, las tabacaleras:

- Contrataron a investigadores, médicos y científicos para tergi-
  versar estudios que vinculaban el humo ambiental de tabaco
  con enfermedades en no fumadores.
- Trataron de ganarse a medios de comunicación mediante viajes
  con gastos pagados y conferencias copatrocinadas por perio-
  distas en favor de la industria.
- Diseñaron campañas de "prevención del tabaquismo en los
  jóvenes" como herramientas de relaciones públicas en forma
  simultánea con sus estrategias de mercadeo que tenían por des-
  tinatarios a los fumadores jóvenes.
- Participaron en las redes de contrabando de cigarros para aumentar sus ventas, al mismo tiempo que en público se oponían
  a las ventas ilegales.

Una prueba contundente contra las tabacaleras encontrada en los
documentos es la revelación de que la industria sabe bien del contrabando de cigarros y participa activamente en éste. Impide que el
gobierno perciba importantes ingresos por recaudación de impuestos, y ejerce presión para que bajen los precios, lo cual permite que
los cigarros se tornen más accesibles para jóvenes y personas de menores ingresos.

SEÑORES LEGISLADORES, COMO LO ANTICIPAMOS: DEBIDO AL **INCREMENTO DEL IMPUESTO** DEL CIGARRO EN LOS ÚLTIMOS **3 MESES** SURGIERON MÁS DE 100 MARCAS ILEGALES.

HAGAMOS UN FRENTE COMÚN CONTRA LA ILEGALIDAD.

Fig. 4.1. Anuncios espectaculares de 2011 en la Ciudad de México por parte de British American Tobacco.

EL PLACER DE SACRIFICAR PEONES

La anterior información sirvió como base incluso para películas como *Thank you for smoking* (*Gracias por fumar*) con Aaron Eckhart, que presenta las tácticas de la industria tabacalera, y *The insider* (*El informante*), con Al Pacino y Russell Crowe, que narra cómo el doctor Jeffrey Wiggand, vicepresidente de investigación y desarrollo de la tercera tabacalera más importante en ese entonces de EUA, *Brown & Williamson*, denuncia las prácticas comunes de la industria en el noticiero *60 minutos* y cómo las cuatro tabacaleras más grandes de Estados Unidos llegaron en 1998 al acuerdo de pagar la cuantiosa suma de 206 mil millones de dólares por concepto de daños contra la salud en el marco de los juicios antitabaco que inició en su contra el estado de Mississippi y al que le siguieron 46 estados de la Unión Americana. Las tabacaleras estarán haciendo pagos parciales al gobierno estadounidense hasta cubrir el total en 2025.

Lástima que ni uno solo de esos dólares haya sido para los deudos de quienes murieron por fumar tabaco, o para compensar los daños de quienes se encuentran incapacitados por el consumo de este producto, que usado de acuerdo con las indicaciones del fabricante, mata. Todo será recaudado en un periodo de 27 años por el gobierno para subsanar los gastos de atención médica erogados por el sistema de salud estadounidense.

Lo que resulta sorprendente es que las tabacaleras sigan operando después de décadas de acumulación de abrumadora evidencia sobre las devastadoras consecuencias y los altísimos costos erogados por los sistemas sanitarios mundiales debido al consumo de tabaco en la población.

En el documental argentino "Adictos al tabaco" se presentaron los documentos que probaban el caso en el que *Philip Morris* pagó US$ 20 000 al decano del posgrado en Ciencias de la Salud de la Universidad Católica Argentina, amigo del entonces presidente Carlos Menem, y dueño de una clínica cardiovascular, el doctor Carlos Benjamín Álvarez, para hacer presión contra las leyes que prohibirían publicidad y restringirían el consumo de cigarros en lugares públicos o cerrados.

Las tabacaleras tienen bien estudiado y documentado lo adictiva que es la nicotina. De acuerdo con el documento 968 de *Lorillard Research Center Greensboro, Ammonia Treatment of Tobacco* y con las declaraciones del doctor Jeffrey Wigand, ex V. P. de investigación y desarrollo de *Brown & Williamson*, en los juicios antitabaco, es práctica común de las tabacaleras potenciar la absorción de la nicotina por el cuerpo del fumador al liberar la base del alcaloide agregando amoniaco a los cigarros.

Es una forma tradicional de manipulación química por la industria para la preparación de los cigarros comunes, ello con el objetivo de que el cuerpo del fumador absorba la nicotina más rápidamente a través de la pared (epitelio) de los alvéolos, llegue más rápido al cerebro y por tanto, refuerce su adicción.

La sección "Salud y ciencia" de la página web de *British American Tobacco* (BAT) México (consultada en septiembre de 2011) estipula:

> En BAT México reconocemos que conjuntamente con el placer de fumar un cigarro, vienen asociados riesgos de contraer enfermedades como cáncer de pulmón, padecimientos respiratorios y males cardiacos. Por ello creemos que la decisión de fumar es sólo para adultos informados.
>
> En BAT México sabemos que fumar es riesgoso. Nuestro negocio no es persuadir a la gente para que consuma tabaco, sino tratar de ofrecer marcas de calidad a los adultos que ya han tomado la decisión de fumar. Creemos firmemente que fumar sólo debe ser para adultos que estén informados de los riesgos asociados.
>
> BAT México fabrica y/o comercializa productos de alta calidad que proporcionan placer a muchos millones de fumadores adultos al-

rededor del mundo. Conjuntamente con el placer de fumar un cigarro vienen asociados verdaderos riesgos de contraer enfermedades serias. También reconocemos que para mucha gente es difícil dejar de fumar.

Los riesgos asociados con fumar se definen principalmente por estudios epidemiológicos (estadísticas de población) que demuestran que los grupos de fumadores tienen mucho mayor incidencia de ciertas enfermedades que los de no fumadores. Estos peligros tienden a ser mayores en los grupos que comienzan a consumir tabaco desde más jóvenes, que han fumado por más tiempo y que fuman más cigarros al día.

Todas las conductas de fumar están relacionadas con un aumento en los riesgos a la salud. Los estudios también demuestran que la única manera de prevenir los peligros relacionados con el cigarro es no fumar desde un principio, y la mejor forma de reducir los riesgos es dejar de fumar.

Si aún te queda alguna reserva, duda o tienes curiosidad por saber más al respecto de las prácticas comunes en las que se incurre para hacer disponibles veneno adictivo, potentes tóxicos y alquitranes cancerígenos para ti y para tu familia, te reitero la invitación a ver las películas *Thank you for smoking* y *The insider*.

Como fumadores somos materiales para satisfacer la codicia corporativa, peones de sacrificio mientras dure la incapacitada y más corta vida que el consumo de tabaco seguramente nos acarreará. ¿Fumabas para manifestar tu rebeldía? ¿Para demostrar que estabas en contra del sistema? ¡Qué mejor manera de expresar tu descontento que caer en las garras de la nicotina provista por transnacionales! ¿No estás harto de estar engañado y ser objeto de explotación por intereses mercantileros y egoístas? Deja de fumar y mantente sin consumir nicotina.

PERSPECTIVA SOCIOECONÓMICA

A veces cuando hacemos la presentación de la segunda parte en la terapia, algunos de los pacientes se muestran escépticos sobre las cifras que las estadísticas representan. Las encuentran increíbles. ¡Y tienen razón!

Explicamos cómo fumar causa males cardiacos, enfermedades circulatorias, enfisema, bronquitis, ceguera, disfunción eréctil, cáncer y otras muchas condiciones perjudiciales. Exponemos que el tabaquismo es la principal causa evitable de muerte en México y Estados

Unidos, provocando 65 000 y 443 000 muertes prematuras en el año 2011, respectivamente.

Se trata de más muertes que las causadas por accidentes, enfermedades infecciosas como el SIDA, homicidios, suicidios, diabetes, arterosclerosis, padecimientos renales y hepáticos combinados. Más ciudadanos estadounidenses mueren cada año y medio (664 500) por fumar cigarros que todos los estadounidenses muertos en más de 30 años de batalla por la Primera Guerra Mundial, 1914-1918 (116 516), la Segunda Guerra Mundial, 1939-1945 (405 399), la Guerra de Corea, 1950-1953 (53 686), Vietnam, 1959-1975 (58 209), la Guerra del Terror, 2001 (5796), Afganistán, 2001 (1747) y la Guerra de Irak, 2003 (4430), ¡juntas! (645 783).

Estas estadísticas son asombrosas. Muchos fumadores suponen que si los cigarros fueran tan peligrosos no se les permitiría legalmente estar en el mercado. Sustancias químicas como ciclamatos (sacarina), colorantes y otros cancerígenos se sacan de los estantes. Los cigarros se venden, por lo que deben ser más seguros. Lo que la gente escéptica cree es que estamos aumentando las cifras para impactarlos, pero no se necesita exagerar los números de los daños producidos por el tabaquismo, lo que hace falta es conocer los datos.

Las cifras provienen de reportes que han sido desarrollados regularmente por la Secretaría de Salud mexicana y la oficina de Salud y Servicios Humanos del gobierno de Estados Unidos. Revisan todos los estudios e información disponible, no sólo de América, sino de todo el mundo. La primera vez que el peligro de fumar fue expuesto a la atención del público fue en diciembre de 1952 en la revista *Selecciones del Reader's Digest*, que publicó una serie de artículos llamados "Cáncer por la cajetilla", que con base en estudios del Dr. Richard Doll publicados en el *British Medical Journal* en 1950, vinculaban fumar con el cáncer de pulmón. El consenso general de más de 60 años de datos acumulados es que los cigarros tienen un alcance de destrucción multiorgánico para el ser humano.

Antes de 1964, el gobierno de EUA no emitió mucha información sobre los peligros de fumar. Otros países desarrollados, sin intereses en la industria tabacalera, advirtieron a sus ciudadanos de los riesgos inherentes a los cigarros. Hoy día, la evidencia es tan contundente que el gobierno reconoce su obligación de denunciar los hechos. Las administraciones públicas, las asociaciones y la comunidad médica en todo el mundo coincidimos en que los cigarros son letales.

Algunas personas creen que el gobierno está exagerando lo mortales que son los cigarros. Esto no es muy probable. Si la intención fuera engañar al público sobre los peligros de fumar, sería negándolos, no exagerándolos.

La administración de Estados Unidos siempre ha tenido gran interés en la producción y distribución masiva de tabaco. En 1984, los ingresos fiscales generados por productos del tabaco superaron los 6 mil millones de dólares. El gobierno tenía cerca de mil millones de dólares de superávit por tabaco. Aun con este fuerte interés, el informe de salud en ese año registró que más de 300 000 estadounidenses murieron prematuramente a causa del consumo de cigarros en 1983.

Tan sólo 0.05 % del área total cultivada de México se usó para la producción de hojas de tabaco en 2007. El valor de la producción de hojas de tabaco en el país representa sólo 0.1 % del valor de la producción agrícola total. El empleo relacionado con la manufactura de tabaco representa 0.4 % del empleo total del sector manufacturero.

En México se calcula que en el año 2008 el gasto asociado con enfermedades relacionadas con el tabaquismo fue de 75 200 millones de pesos (6.2 % del PIB es destinado a salud), contrastados contra 32 400 millones de pesos que la hacienda pública recaudó por concepto de impuestos vinculados con productos de tabaco. Eso nos da un saldo negativo de 42 800 millones de pesos que los contribuyentes aportamos para esta poco conveniente operación.

La doctora Nora Volkow, directora del Instituto Nacional contra las Drogas en Estados Unidos, comentó en su conferencia *El cerebro adicto*, impartida en el Instituto Nacional de Enfermedades Respiratorias de la Ciudad de México en el mes de junio de 2011, que EUA gasta al año US$ 156 billones (así, con b) por diagnóstico, tratamiento y rehabilitación de enfermedades relacionadas con el consumo de tabaco.

Considera esta información cuando encuentres anuncios para generar controversia por fumar. La única polémica es con la industria tabacalera. Ellos continúan fabricando y comercializando productos de tabaco a pesar de las abrumadoras consecuencias por su consumo, argumentando que ofrece placer a los clientes que fuman sus productos. Consumir tabaco es todo menos una forma placentera de manejar la ansiedad y el estrés. Es adictivo, esclavizante, caro, es incapacitante, es mortal.

SECUELAS LABORALES POR LA ADICCIÓN

En los últimos años, el mensaje de "Fumadores favor de no aplicar" ha empezado a aparecer al final de las descripciones de puestos de trabajo en muchos campos diferentes. A excepción de la cláusula de cierre, algunas de estas posiciones parecían perfectas para un fumador. El adicto al tabaco puede sentir que este tipo de medida es discriminatoria para la contratación, y generar un resentimiento hacia el posible empleador. Sin embargo, desde el punto de vista empresarial es una política que tiene mucho sentido de negocios.

De hecho, ya todas las empresas han puesto en práctica la prohibición de fumar para los empleados. Hubo un tiempo en el que el fumador podía fumar en su escritorio, ahora tiene que ir a áreas designadas, si es que tiene suerte, porque en muchos casos las restricciones para fumar se extienden a todo el perímetro propiedad de la compañía. Las que no lo hicieron en México voluntariamente, tuvieron que seguir la *Ley General para el Consumo de Tabaco* publicada en el *Diario Oficial de la Federación* el 30 de mayo de 2008.

Por eso no pueden fumar en ninguna parte durante ocho horas al día debido a la prohibición total de fumar. A pesar de que la empresa puede enfrentar la animosidad de tal política contra el tabaquismo por parte de los empleados fumadores existentes, los posibles candidatos e incluso algunos clientes, la práctica está ganando popularidad en la comunidad empresarial. Hoy no es sugerido, es una ley.

¿Por qué las empresas están en favor de las restricciones a los fumadores? Debido a que un empleado fumador es un pasivo financiero. Las estimaciones de los costos adicionales promedio de dicho trabajador están en un rango de miles a decenas de miles de pesos por año. Multiplicado por varios empleados, el tabaquismo puede terminar costándole a la empresa centenas de miles o incluso millones de pesos al año.

Los fumadores cuestan más debido al aumento de gastos médicos, primas de seguro, disminución de la productividad, síndrome de abstinencia en el puesto de trabajo, más enfermedades y accidentes. Además de esto, la moral de los empleados se ve afectada cuando la cuestión del humo ambiental de tabaco aparece. Con todo, la carga económica y logística colocada en una empresa debido a la adicción de fumar de los empleados es importante.

Hace tiempo un fumador sólo tenía que preocuparse de los efectos incapacitantes y mortales del consumo de tabaco. Entonces el estigma social se convirtió en otra inquietud importante. Ahora también debe tener en cuenta las ramificaciones profesionales por fumar. Después de todo, si no puede encontrar trabajo, cada vez será más difícil pagar varios miles de pesos al año para mantener la adicción al cigarro.

De una manera discreta, pero segura, los reclutadores no fumadores de los departamentos de recursos humanos de las empresas suelen seleccionar a individuos no fumadores con las mismas capacidades que las de individuos que son adictos al tabaco, esto debido a los costos implícitos que significan sus ausencias por enfermedad, falta de atención por fumar, seguros médicos y gastos de mantenimiento en aire acondicionado, pintura, alfombras y cortinas de inmuebles. Es un hecho que la productividad empresarial se ve mermada por contar en la plantilla con personal asiduo a salir a fumar en áreas de acceso de la organización, por lo que las políticas empresariales en ese sentido se prevén aún más restrictivas.

Ser fumador puede limitar tu potencial de crecimiento físico, mental, social, profesional y económico. Hoy día ser personal y profesionalmente exitoso es una empresa difícil. Todos los fumadores enredan aún más una situación ya complicada. Además de esto, el asalto físico del humo tóxico por consumo de tabaco afecta tu salud y puede llegar a costarte la vida ¿Vale la pena fumar con todos estos riesgos?

EL COSTO SOCIAL DEL TABAQUISMO

A diferencia de lo que ocurría hace unos 50 años, cuando fumar era símbolo de estatus, un privilegio propio de los caballeros, una ceremonia rodeada de elegancia y rito a la que incluso se reservaban salones lujosos, una acción pretenciosa promovida por las tabacaleras en las películas, hoy día es una práctica social rechazada en cada vez más círculos.

Cada día son más las personas que conocen los efectos del tabaco sobre la salud de quienes fuman y de los que se encuentran a su alrededor, por ello procuran protegerse. El costo social para el fumador crece todos los días. Conforme se extiende la conciencia, se cierran los círculos sociales. Los amigos y compañeros prefieren la compañía de no fumadores, se retiran de los lugares con humo ambiental de tabaco y extienden sus limitaciones a no fumar dentro de sus casas y automóviles.

El arrendamiento de despachos pasa por la misma condición. Los arrendadores prefieren inquilinos que no fumen y establecen cláusulas en los contratos que prohíben fumar para disminuir sus costos en mantenimiento y seguros.

Por lo que hace a los restaurantes, bares, salas de concierto, oficinas, salones de fiesta, edificios públicos y otros lugares de convivencia, gobiernos de todo el mundo han prohibido el consumo de tabaco dentro de sus instalaciones y fomentado la adecuación de espacios especiales en esos establecimientos dirigidos a los fumadores. Típicamente es un pedestal con cenicero en la banqueta.

Dado que la mayoría de los adultos en México no fuma, la gente que sigue fumando está sujeta a un mayor acoso de lo que alguna vez habían experimentado. Con el tiempo, muchos fumadores dejaron el vicio porque comenzaban a sentirse discriminados. Ya no se sentían cómodos como consumidores de tabaco.

Hoy día la situación está aún peor. Los fumadores se están encontrando en muchas situaciones donde fumar no es permitido. Muchos de ellos padecen el síndrome de abstinencia durante las horas laborales, porque ya no se permite fumar dentro de las instalaciones de trabajo. Van a reuniones sociales sólo para descubrir que pueden ser la única persona fumando en el patio, jardín o en la entrada. Comienzan a sentirse no deseados en las casas de familiares y amigos más cercanos cuando encienden sus cigarros. O sufren la vergüenza de fumar o la abstinencia por no fumar.

Respirar aire libre de humo ambiental de tabaco es un derecho, no un privilegio, y cada vez más no fumadores y ex fumadores lo estamos ejerciendo. Algo que hace 15 años habría parecido radical y de mal gusto, hoy está sólidamente basado en la documentación de los múltiples daños que el HAT provoca. Todas estas situaciones son "malas noticias" para los fumadores activos. Lo que se debe tener en cuenta es que es difícil ser fumador en la sociedad actual, y que el ostracismo social está empeorando progresivamente y haciéndolo aún más complicado.

México, siendo un país de jóvenes, en el que aún existe cierta tolerancia social hacia esta adicción, y en el que la regulación sobre el comercio de tabaco y la protección para no fumadores todavía presenta deficiencias, tanto en los reglamentos como en la observancia de los mismos, puede ser considerado como un entorno vulnerable para la acción de las compañías tabacaleras, con la consecuente promoción del consumo de tabaco y el mantenimiento o aumento en la proporción de fumadores.

Así que ahora, cuando el impulso por fumar un cigarro llegue, asegúrate de considerar todas las ramificaciones de seguir fumando. No sólo vas a mantener una adicción que es potencialmente mortal, también tendrás una dependencia química socialmente inaceptable y muy sucia. ¿Estás seguro de que quieres ir por la vida como fumador?

RAZONES POR LAS QUE SE DEJA DE FUMAR

Durante mis más de 20 años de lucha para dejar de fumar (mi primer intento serio por abandonar el tabaco fue como a los 21 años), diversos fumadores que he conocido me han dado muchas razones para dejar esta adicción. Para algunos es necesario dejarla por salud, sus médicos les han dado el ultimátum: "¡Si sigues fumando ve pronto a la notaría a hacer tu testamento, te lo digo en serio!" (La 132 del D. F. los saca rápidamente, no heredes problemas a tu familia.)

No fue el caso de un buen amigo, Roberto, quien no dejó de fumar cuando se lo advirtió su cardiólogo, sino hasta estar a punto de jugarse la vida en un tercer *bypass* coronario y tras una recaída después de su terapia. Racionalizaba que "mi mujer me fuma encima todo el día". Le fue de utilidad comprender que en los programas de recuperación no se apareja a novatos, se apadrina a un novato por un veterano para que la recuperación sea guiada por alguien que ya haya trascendido la experiencia y con ella, pueda compartir fortaleza y esperanza. Recuperarse del tabaquismo es una decisión personal.

Más de 443 000 estadounidenses y 65 000 mexicanos morirán en 2012 por enfermedades causadas por el cigarro. Entre los padecimientos más comunes por el tabaquismo están: enfermedades del corazón, embolias y derrames cerebrales, enfermedades vasculares periféricas, enfisema, bronquitis, cáncer, úlceras y otras afecciones más que se desarrollan al mismo tiempo que se consume tabaco. Además, el tratamiento de enfermedades preexistentes puede ser complicado por el tabaquismo: riesgo en la anestesia y complicaciones posoperatorias se incrementan por el consumo de cigarros.

La presión social es otra razón para dejar de fumar. Consumir tabaco es ahora visto como desagradable por el mal olor, y por ser ofensivo y repugnante para muchos no fumadores y ex fumadores. De estos últimos, la gran mayoría dejó de fumar de golpe un día por estar hartos del tabaco, otros porque el médico les dio el ultimátum máximo, muchos más por haber pasado unos días enfermos de la garganta sin poder fumar y se siguieron sin fumar. ¿No me crees? Pregunta a cualquier ex fumador de largo plazo que conozcas cómo abandonó la dependencia de la nicotina.

Mientras que consumir tabaco fue alguna vez algo elegante, las personas que fuman hoy día son despreciadas por muchos de sus compañeros. Algunos fumadores sienten que carecen de autocontrol y son menospreciados por no poder dejar de fumar. Otros desean abandonar el tabaco para dar un ejemplo positivo a sus hijos o nietos.

El gasto del consumo de tabaco es otra de las razones principales. Muchos se recuerdan diciendo: "Si los cigarros llegan a 10 pesos por cajetilla, ¡dejo de fumar!" Ahora los cigarros cuestan más del triple y estas mismas personas siguen fumando. Una pareja de fumadores puede ser motivada para dejar de fumar al darse cuenta de que está gastando alrededor de 30 000 pesos al año para mantener su adicción.

Además, los fumadores activos causan agujeros en sus ropas, automóviles, muebles y alfombras. Uno de los pacientes a una terapia pasada quemó un costoso traje recién comprado. Además de dar lugar a quemaduras onerosas, puede iniciar incendios accidentales. De hecho, más de la mitad de las muertes por incendios es causada por fumar cigarros. A pesar de que las tabacaleras son requeridas a fabricar los cigarros con papel que se autoapaga al dejar de fumar, las colillas encendidas siguen siendo un factor mayor de incendios.

Muchos pacientes en la terapia han dejado de fumar con anterioridad durante un lapso sustancial y vuelven a hacerlo. Cuando no fumaban se sentían más saludables, más tranquilos y felices. Asisten a la terapia dispuestos a restablecer su estilo de vida como ex fumadores.

El tabaquismo es una adicción. Es imprescindible recordar que una vez que eres adicto, siempre lo serás. Una vez que estás sin fumar por un periodo corto, permanecer libre de tabaco es relativamente sencillo, siguiendo una simple práctica que con el tiempo se hará costumbre: sólo por este momento no le des otra fumada a un cigarro. Tendrás ganas ocasionales de consumir nicotina, pero no son nada en comparación con los deseos experimentados en la abstinencia durante el proceso de desintoxicación inicial.

En mi primer intento para dejar de fumar, el síndrome de abstinencia, más el desconocimiento en ese momento de las bases del P6P, me hicieron abandonar el conato por renunciar a mi dependencia; pero ahora, 20 años después, mis síntomas en el periodo de abstinencia inicial fueron moderados, además de que ayudó haber concientizado el conocimiento que comparto contigo en el programa, logrando por fin deshacerme de una adicción que me había mantenido cautivo 30 años. Como cualquier fumador que deja de fumar, estaba a la expectativa de qué podría suceder al dejarlo; sin embargo, no pasó nada malo, todo fue bueno.

Algo que quiero compartir contigo es que desde que dejé de fumar mi autoestima, capacidad cognitiva y memoria mejoraron mucho. Desarraigar la adicción al tabaco es un logro mayor que me ha dado un impulso en mi propia valía personal y motivación para realizar muchas otras actividades, entre ellas desarrollar el P6P, crear las terapias interactivas, el programa preventivo y escribir este manual. Una poderosa razón para dejar de fumar es el sentimiento de orgullo e incremento de amor propio que tendrás de ti.

ALTERNATIVAS DISPONIBLES

Cualquier investigación y propuesta seria debería referir posibles cursos de acción para solucionar una situación, en este caso, dejar de fumar. Aunque esas alternativas no sean la opción de elección, permiten tener un panorama del escenario que plantea la problemática que hay que resolver.

Enlistaré las propuestas que he identificado, tanto de la industria farmacéutica como de otras fuentes para lidiar con el consumo de tabaco, especialmente de cigarros, ya que los consumidores regulares de sólo puro o pipa son un segmento muy pequeño, la gran mayoría fuma cigarros de manera regular y ocasionalmente algún otro tipo de tabaco. Independientemente de la forma, el problema es el consumo de nicotina, la sustancia adictiva.

Llama la atención que farmacéuticas, basadas en investigación y desarrollo, no hagan referencia alguna en sus materiales promocionales a que dependiendo del tiempo que se ha consumido tabaco, la vida media de la nicotina en el organismo es de 30 minutos a dos horas, y que en un periodo de tres días toda la nicotina que se encuentre en el cuerpo se habrá metabolizado o excretado del mismo, dejando de sentirse la necesidad fisiológica de consumirla.

No encontré en las páginas web de los fabricantes o en sus estrategias publicitarias mención a que una vez que han pasado tres semanas de haber dejado de consumir nicotina, los receptores neuronales se autorregulan a la baja y recuperan la sensibilidad natural, al mismo nivel que los de un no fumador.

Es cierto que la adicción a la nicotina es ambas, una adicción química fisiológica con una psicología que racionaliza y asocia eventos que crean deseos por fumar, pero todo reside en la exigencia del cuerpo por mantener un nivel de nicotina constante. Es por eso que no encuentro sentido a usar la misma droga a la que se es adicto para abandonar la dependencia. Además los síntomas del síndrome de abstinencia son predecibles y mitigables. En ningún caso son tan malos como la mercadotecnia corporativa intenta hacérnoslo creer. ¿Sabes de alguien que haya comprometido su salud o perdido la vida por dejar de fumar? ¿No? Pero seguro conoces muchos casos en que la continuación del tabaquismo discapacita, enferma y mata. No esperes a ser uno de ellos, es cuestión de tiempo y tabaco.

FARMACÉUTICAS

Terapia de remplazo de nicotina (TRN)

Empecemos con la idea de seguir usando la misma droga a la que somos adictos, pero ahora la compraremos de otro proveedor y la llamaremos *terapia*. De acuerdo con la dosis recomendada, se trata de tratamientos de 10 semanas (12 en España) con parches por unos 2000 pesos, chicles por seis meses con un costo de 12 000 pesos en promedio, o inhaladores por cuatro meses por 14 000 pesos aproximadamente. Todos precio de mostrador en 2011. En EUA también hay pastillas y aerosol nasal.

Tuve la experiencia de usar durante mucho tiempo, más del sugerido, todas las formas de remplazo de nicotina disponibles y seguir fumando. Conozco a muchas personas en el mismo caso. Me pregunto por qué no habrá terapia de remplazo de alcohol, tal vez porque no tiene sentido remplazar el tequila con alcohol puro por 90 días y reducir gradualmente la dosis etílica. Supongo que hay a quienes les ha funcionado, pero en nuestra opinión es más una situación de "a pesar de" y no "gracias a".

Si dejas de meterte nicotina, en unos días la que hay en tu organismo se habrá metabolizado o excretado de tu cuerpo por completo y los deseos fisiológicos de fumar disminuirán hasta extinguirse. ¿Para qué tendría que mantener la misma droga en mi sistema nervioso? Sólo que quisiera conservar el síndrome de abstinencia por 10 semanas, cuatro o seis meses.

En mi proceso para abandonar la nicotina, tuve chicles, parches e inhaladores con nicotina durante años en el coche, cajones, oficina, buró, cartera y en no sé cuántas otras partes. Los tiré todos a la basura cuando identifiqué los conceptos que comparto contigo en el programa, y no he vuelto a fumar. La nicotina es adictiva, por cualquier vía que sea administrada y tarde o temprano tendrás que dejar de ingresarla a tu organismo.

Los fabricantes refieren que los efectos secundarios por fumar usando cualquier tipo de TRN pueden causar acumulación de nicotina a niveles tóxicos, dolores y espasmos abdominales, migrañas, erupción cutánea, dolor en boca y garganta, hipo, acidez gástrica, náuseas, mareo, tos, irritación de garganta y vía aérea superior, insomnio y secreción nasal.

¿Sabías que las farmacéuticas obtienen la nicotina que ponen en parches y chicles comprando tabaco a los mismos agricultores que las tabacaleras? No han encontrado una manera más eficiente de sintetizar nicotina en un laboratorio. Tan factible que es dejar de fumar con la guía del P6P y mantener la abstinencia por medio del conocimiento aplicado a resultados que están ahora en tus manos.

Ansiolítico

La sal de hidrocloridio de bupropion es un inhibidor de la recaptura de noradrenalina y dopamina en la sinapsis neuronal. Se vendía originalmente como antidepresivo, pero se descubrió que ayudaba en el desarraigo de la adicción a la nicotina, aunque el fabricante dejó de apoyar comercialmente el producto para tal fin.

Se indica usar el medicamento tres meses, unos 9000 pesos por todo el tratamiento. Mi experiencia con esta sal fue intrascendente. Tomé el medicamento como lo indicaba mi cardiólogo (quien me propuso esta opción) y no sentí ningún cambio. Creo que no lo usé bien porque ni mi estado de ánimo ni mis deseos de consumir nicotina variaron. Después de haberme acabado una caja, abandoné otro intento fallido y mantuve mi adicción a fumar tabaco.

Como en todos los medicamentos, hay efectos secundarios, entre los que se encuentran: hipertensión, anorexia, boca seca, erupción, sudor, zumbido en los oídos, temblores, dolor abdominal y muscular, agitación, mareos, insomnio, náuseas, palpitaciones y faringitis, entre otros más listados en la página del fabricante.

Bloqueador de nicotina

Un fármaco diseñado sólo para dejar de fumar, la vareniclina, se liga a los receptores nicotínicos acetilcolínicos alfa 4 beta 2 (nACh $\alpha4\beta2$) y actúa como agonista parcial (actividades agonistas como antagonistas). Bloquea parcialmente la entrada de nicotina al cerebro y la liberación asociada de dopamina. La dosis es de 12 semanas, con un precio de unos 4500 pesos. Al finalizar el tratamiento inicial se sugiere que el médico puede recomendar otros tres meses para mantenimiento. Terminé el tratamiento de 12 semanas. Seguí fumando.

No me gustó cómo me sentí mientras empleaba este medicamento. Además tengo muy claro que después de usarlo, empecé y sigo con dolores de cabeza de mayor intensidad y más recurrencia de los que nunca padecí antes de tomarlo.

Los efectos secundarios en la página del fabricante mencionan, entre otros: sueños anormales, insomnio, reacciones de pánico, razonamiento difuso, cambios de humor, migraña, somnolencia, mareos, trastornos del habla, tensión muscular, temblores, coordinación disfuncional, depresión, ansiedad, irritabilidad e inquietud.

La *Food and Drug Administration* (FDA) en EUA emitió alertas en televisión en abril de 2008 sobre la seguridad de su uso al relacionarlo con cambios importantes en el comportamiento, agitación, depresión severa, idealización del suicidio y suicidio. Las advertencias indican que el medicamento tiende a empeorar enfermedades psiquiátricas y a incidir en la reaparición de las ya controladas previamente.

Si bloquea la entrada de nicotina al cerebro y la forma química de la nicotina es muy similar a la del neurotrasmisor acetilcolina, me pregunto ¿qué le hará al modulador neuronal primario acetilcolina y a su liberación asociada de dopamina y noradrenalina? ¿Tendrá la respuesta algo que ver con las advertencias de la FDA de Estados Unidos?

SECUNDARIAS

En este apartado mencionaré algunas propuestas que hay en el mercado para lidiar con el abandono de la adicción al tabaco y que no implican el consumo de fármacos. Con base en mi experiencia y la de los pacientes en la terapia interactiva, simplemente no funcionan.

Hechizos mágicos y productos "milagro"

Cuando se oyen afirmaciones de productos mágicos o técnicas milagrosas es mejor abstenerse de probarlos. Siempre hay una forma de hacer las cosas bien, pero no sé de ninguna que sea fácil, exitosa y no requiera ningún esfuerzo de tu parte. También probé que hacer buches por 90 segundos con enjuagues de acetato de plata para dejar de fumar fue tirar 200 pesos a la basura.

Escucharás dramatizaciones de empresas con la esperanza de que el fumador acceda a hacer lo que sea y se convenza de que vale la pena intentarlo. Se recomienda prudencia y sentido común con el testimonio escrito por alguien "igual que tú", o el infomercial pagado de la maravilla verde que dice "yo dejé de fumar con...", pero que sólo han dejado de fumar por poco tiempo, no han terminado la desintoxicación física y psicológica, tratan de manipular tu conciencia y sin bases fisiológicas apuestan a la levedad de tu síndrome de abstinencia o simplemente están exagerando la realidad.

Nunca traté con técnicas milenarias de acupuntura china, tal vez porque no entiendo cómo unas tres sesiones agujereado con alfileres, por unos 1000 pesos cada una, pueden aportar valor al proceso de desintoxicación fisiológico o psicológico de la nicotina o porque pensándolo bien, en ese país hay más fumadores activos que habitantes en Estados Unidos.

"Dos tercios de los jóvenes en China fuman. La mitad de los fumadores que persiste va a ser asesinada por la adicción", refiere el reconocido profesor de Estadística Médica y Epidemiología de la Universidad de Oxford, Dr. Richard Peto, quien ha dirigido múltiples estudios publicados en el *British Medical Journal*, entre ellos algunos para monitorear el incremento de la tasa de mortalidad por tabaquismo en Asia.

Ni hablar del láser que imita agujas por unos 2500 pesos o de los cigarros electrónicos que se venden desde 2300 pesos, más recargas de nicotina por otros 600 pesos cada vez.

La falta de seriedad y sustento documental de resultados probados bajo el método científico no merece atención. Es desperdiciar tinta y papel.

CERTERA

Entender la adicción a la nicotina, no racionalizar más la justificación de la dependencia, dejar de fumar con conocimiento de causa-efecto, poner unos días de tu parte, desaprender la respuesta condicionada y prevenir la recaída.

¿Difícil? Para nada. Es una forma certera para dejar de fumar porque con el conocimiento correcto se induce menos sufrimiento, se crea un corto periodo de abstinencia y no tiene efectos secundarios. No te dejes engañar, en la Terapia Interactiva de la Clínica del Tabaco conoces a profundidad los seis pasos sugeridos de recuperación y los sustentos documentales de la metodología fisiológica y psicológica desarrollada para dejar de fumar ¡de una vez y para siempre!, con el armado por ti mismo de las piezas que hacen falta para evitar la recaída en el corto y el largo plazos. La guía del terapeuta experto en el programa conductual cognitivo de compartir experiencias de manera grupal es fundamental.

Aplica el proceso de aprendizaje para ser permanentemente un ex fumador, con la información adecuada para sustentar tu decisión de abandonar la inhalación de humo tóxico y mutagénico, producto de la combustión a cientos de grados Celsius de hojarasca seca para proporcionar, inconscientemente, un alcaloide vasoconstrictor venenoso muy peligroso al cerebro y así se cree tener la sensación de "alivio" y "gusto" por haber salido temporalmente del síndrome de abstinencia a la nicotina.

Continuar con el consumo de tabaco es mantener la mentira del alivio de ansiedad que la pérdida de nicotina te ha ocasionado, ¡nicotina que tú mismo ingresas al torrente circulatorio fumando! Los riesgos por seguir engañado son enormes. Ignorar las leyes no exime de cumplirlas, especialmente las de la naturaleza, por lo que en el siguiente capítulo tendrás una semblanza de ellas. Poco a poco se va lejos. Celebres lo que celebres sólo por este momento no le des otra fumada. Pase lo que pase sólo por hoy no prendas un cigarro, tengas el duelo que tengas. Un paso a la vez.

Capítulo 5

Cuestiones de tiempo y tabaco

IMPLICACIONES EN LA SALUD

El fumador tiene nociones de las consecuencias que acarrea el tabaquismo, pero no un pleno entendimiento de las mismas. En este capítulo no encontrarás nada que no hayas visto en cajetillas, es la descripción de cómo y por qué se generan esos daños. Recapacitarás sobre las serias implicaciones que tiene no dejar de fumar. Aporta poco si no has interiorizado el conocimiento para abandonar el tabaco; pero si ya sabes cómo hacerlo, cuáles son los beneficios, alcances socioeconómicos y aún no has abandonado la racionalización que justifica tu adicción, estas líneas pueden ser la motivación que necesitas para abandonar la ingesta de potentes venenos, químicos tóxicos y cancerígenos.

Algunas personas no están convencidas de que quieran dejar de fumar. Otros afirman que no tienen buenas razones para dejarlo. De hecho, hay muchas motivaciones para abandonar el tabaco. Además del gasto, esclavitud, discriminación, no tener ningún control de la adicción, quemaduras y pestilencia, lo más importante es evitar los efectos sobre la salud que consumir tabaco ocasiona.

De acuerdo con la OMS, debido al tabaquismo, en 2012 morirán cerca de seis millones de personas de los 1.3 billones que aún fuman. En EUA el *Centers for Disease Control and Prevention* (CDC) reporta 45 millones de fumadores, en México la Encuesta Nacional de Adicciones (ENA) 2008 refiere 14 millones. En EUA este año morirán más de 443 mil personas por fumar; en México, la Comisión Nacional contra las Adicciones (CONADIC) refiere 65 mil fallecidos. En EUA son más de 1200 decesos diarios por adicción a la nicotina, en México son más de 178 muertos al día. Más que por accidentes, infecciones, alcoholismo, asesinatos, suicidios, diabetes y cirrosis ¡juntos!

Cuadro 5.1. Clasificación de la OMS de enfermedades que causan la muerte por el consumo de tabaco en sus diferentes modalidades.

Enfermedades, por fumar, que causan la muerte		
Núm.	*CIE-10*	*Causa*
1	I 10 - I 13	Hipertensión.
2	I 20 - I 25	Enfermedad isquémica cardiaca.
3	I 00 - I 09, I 26 - I 51	Otras enfermedades del corazón.
4	I 60 - I 69	Accidente cerebrovascular.
5	I 70	Arteriosclerosis.
6	I 71	Aneurisma aórtico.
7	I 72 - I 78	Otras enfermedades del sistema circulatorio.
8	J 10 - J 18	Neumonía e influenza.
9	J 40 - J 43 - J 44	Bronquitis, enfisema, EPOC, otras.
10	C 00 - C 14	Tumor del labio, boca y faringe.
11	C 15 - C 16	Tumor de esófago y estómago.
12	C 18 - C 21	Tumor de colon y recto.
13	C 25	Tumor de páncreas.
14	C 32 - C 33 - C 34	Tumor de laringe, tráquea, bronquio y pulmón.
15	C 53	Tumor cérvico-uterino.
16	C 64 - C 65	Tumor del riñón y de la pelvis renal.
17	C 67	Tumor de la vejiga urinaria.
18	C 92	Leucemia mieloide aguda.

La enfermedad más frecuentemente asociada con el tabaquismo es el cáncer pulmonar. Hace 100 años este cáncer era tan raro que si un médico alguna vez hubiera visto uno, seguro lo habría publicado en una revista médica. En 1930 la mayoría de los médicos nunca se encontró con el cáncer de pulmón. Esta enfermedad, que hace 80 años era casi desconocida, es ahora la principal causa de muerte por cáncer en hombres y mujeres.

El cáncer de pulmón representa un tercio de las muertes por cáncer en los hombres. Se creía que esta era una enfermedad predominante en los varones. A mediados de la década de los ochentas, el cáncer pulmonar sobrepasó al de mama para convertirse en la principal causa de muerte por cáncer en las mujeres. Más de 90% de las personas que muere de cáncer de pulmón podría haber evitado la enfermedad si no hubiera fumado.

Además de los pulmones, otros sitios donde los cigarros ejercen un efecto cancerígeno son: labios, boca, lengua, laringe, faringe y esófago. Asimismo, el tabaco contribuye al cáncer de riñón, vejiga, páncreas y estómago.

Aunque la gente asocia fumar con cáncer, más personas mueren por problemas circulatorios que de cáncer causado por el cigarro. Los efectos sobre el sistema circulatorio son tanto inmediatos como peligrosos. Al momento de su ingreso al cuerpo, la nicotina constriñe venas y arterias, y libera depósitos de grasa al torrente sanguíneo, el monóxido de carbono (CO) hace pegajosas las paredes de los vasos sanguíneos y la sangre más espesa. Esa mortal combinación nicotina-CO es la principal causa de muerte por fumar.

¿Cómo esperas andar por la vida con tus venas y arterias más estrechas y además adosadas de grasa en sus paredes internas? Te diré cómo: con un ritmo cardiaco más acelerado, presión arterial alta y esperando el infarto al corazón o al cerebro mientras fumas el siguiente cigarro.

La nicotina es un estimulante que aumenta la frecuencia cardiaca y la presión arterial, contrae los vasos sanguíneos, y en conjunto con el monóxido de carbono, crea condiciones de arteriosclerosis (endurecimiento y estrechamiento de arterias que puede llegar a la obstrucción, impidiendo el flujo de sangre). Este proceso de bloqueo afecta el corazón, así como otros sitios del cuerpo como el cerebro o la circulación periférica en las extremidades, resultando en gangrena y amputaciones.

Fumar provoca ceguera irreversible y total. La degeneración macular asociada a la edad (DMAE) tiene su principal factor etiológico en el tabaquismo, debido al estrechamiento que la nicotina induce en los diminutos vasos sanguíneos que alimentan al ojo, hasta hacerlos estallar literalmente. Por la misma razón: falta de irrigación sanguínea, la impotencia sexual masculina tiene una importante causa en el consumo de cigarros.

Cerca de 275 000 y 40 000 de las muertes relacionadas con fumar en Estados Unidos y México, respectivamente, se atribuyen al efecto combinado de la nicotina y al monóxido de carbono en el sistema circulatorio. Enfermedades pulmonares obstructivas crónicas (EPOC), como el enfisema y la bronquitis crónica, producen invalidez grave, y ello es por fumar cigarros. La EPOC tiene siempre una combinación de enfisema y bronquitis que se podría haber prevenido en más de 90% de los casos simplemente con no fumar.

Mientras que el enfisema y la bronquitis no son tan mortales como el cáncer de pulmón, los pacientes con enfisema a menudo envidian a los enfermos de cáncer. Las personas con cáncer pulmonar por lo general morirán dentro de los seis meses siguientes al diagnóstico. Mi padre sólo vivió cuatro meses después de haber sido diagnosticado. Día a día mi familia y yo veíamos cómo se consumía por la enfermedad.

Los pacientes con enfisema avanzado están discapacitados de por vida, pero puede tomar años para que mueran por la enfermedad. En sus últimas etapas, el enfisema es un infierno. Por eso uno de nuestros colaboradores ex fumador proclama: "¡Cuando muera, voy a morir sano!"

Algunos fumadores asisten a la terapia preguntándose si necesitan dejar de fumar. Afirman que se sienten bien. Esto se debe a que una quinta parte de pulmón sano es suficiente para que una persona pueda mantener su respiración, pero cuando esa última quinta parte se daña estamos en serios problemas.

Antes de eso no hay síntomas evidentes de cualquier padecimiento. Incluso los médicos dicen que los individuos fumadores parecen normales. Por desgracia, la primera señal de algunas de las enfermedades relacionadas con el consumo de cigarro es la muerte súbita.

Esa es una forma 100% segura para dejar de fumar: como cadáver no se puede inhalar humo tóxico, y tres metros bajo tierra no hay oxígeno suficiente para prender otro cigarro. Por eso el mejor momento para dejar de fumar es ahora, cuando aún se pueden mantener beneficios óptimos por dejarlo, cuando se está vivo y relativamente saludable.

El riesgo de todas las enfermedades relacionadas con la dependencia al tabaco, con el tiempo se reducirá hasta el de un no fumador. Pero si sigues fumando vas a destruir más tejidos y a causar más daños cada día que continúes. Alguna de las consecuencias de padecer tabaquismo te alcanzará tarde o temprano. Es sólo cuestión de que el tiempo pase y sigas consumiendo cigarros.

Sólo tenemos un cuerpo y una vida. Algunas personas sienten que deberían tener la opción de hacer más con la vida que les tocó vivir, por lo que deben comer, beber, fumar y ser felices. Estas personas están parcialmente en lo correcto. Deberíamos tener la opción de hacer lo posible para divertirnos, tener una vida plena, útil, feliz y trascender.

Pasar por una larga agonía hasta alcanzar la muerte no es la mejor forma de concluir la existencia. El impacto emocional y sentido de pérdida que la enfermedad de mi padre provocó en mi familia se puede sentir hasta el día de hoy, a década y media después de su partida. ¿Qué no habría dado él por saber a tiempo lo que ahora tú sabes?

Es una pérdida terrible. Ten en cuenta los riesgos en comparación con los supuestos placeres momentáneos o los dudosos beneficios que algunos de tus cigarros podrían brindarte. Date la oportunidad de una vida mejor, más larga y productiva.

En las terapias interactivas para dejar de fumar ha habido gente devastada por enfermedades relacionadas con el tabaquismo. A menudo explican que habían tenido excusas y racionalizaciones para mantener la adicción, pero se sorprendieron cuando llegaron a enfermarse de verdad.

Pacientes de las terapias que han recaído afirman que simplemente no les importaba su salud lo suficiente como para dejar el cigarro o han requerido ayuda psicológica para lidiar con una autoestima muy baja o trastornos de ansiedad. Desafortunadamente, algunos fueron diagnosticados más tarde con graves complicaciones cardiovasculares, bronquitis crónica, enfisema o cáncer. Mientras escribo estas líneas, una querida paciente de la terapia que ganó su batalla contra el tabaquismo, pelea la guerra contra el cáncer pulmonar: 20 cigarros diarios por 35 años están cobrando la factura. Simplemente no dejó de fumar a tiempo. ¿Edad? 50 años.

Otros hemos sufrido complicaciones cardiacas, unos más, derrames cerebrales o enfermedades circulatorias. Muchos descubrieron que tenían impedimentos para respirar por enfisema y algunos otros sufrieron la extirpación de parte de sus pulmones. Además estábamos molestos, atemorizados y deprimidos. No sólo habíamos desarrollado una enfermedad potencialmente mortal, también sabíamos que, en cierto grado, fuimos responsables de su aparición.

Una situación igualmente trágica es experimentada por los sobrevivientes de personas muertas por enfermedades relacionadas con el tabaquismo. Muchos ex fumadores recaen en la adicción por la propia intolerancia de familia y amigos.

Inicialmente está ansioso y malhumorado. Pronto otros le dicen: "Si así vas a estar por no fumar, ¡mejor fuma!" Si bien puede parecer una buena idea en el momento, considera cómo se siente el familiar o amigo cuando el fumador tiene un infarto o le da cáncer y muere. La culpa es tremenda.

Algunas declaraciones de fumadores parecen irracionales, como si tuvieran un verdadero deseo de morirse. En realidad no hay nada malo con la persona, es la adicción a la droga en una racionalización que defiende la obsesión por consumir cigarros a extremos compulsivos.

Miedo a retirar la sustancia o sentirse incapaz de enfrentar la vida sin cigarros resulta en un mecanismo de defensa que justifica la dependencia: racionalización. Es sólo cuando el sujeto ha dejado de fumar que comprende que esos miedos creados por la caída de noradrenalina no tenían razón de ser.

IMPACTOS EN EL SISTEMA CARDIOVASCULAR

Las evidencias epidemiológicas y clínicas asocian de forma abrumadora el consumo de tabaco con el riesgo de infarto. Dichas muertes sucederán a edades más tempranas debido a problemas circulatorios, unos 17 años antes de cumplir con la expectativa de vida actual de acuerdo con el Comité Interinstitucional para la Lucha Contra el Tabaquismo en México. Tendríamos muchos más cánceres de pulmón si los fumadores pudieran vivir lo suficiente para desarrollarlos.

En autopsias de fumadores con ataques cardiacos o accidentes cerebrovasculares fatales, frecuentemente se encuentran lesiones precancerosas que indican que si estas personas hubiesen vivido algunos años más, con el tiempo hubieran sucumbido ante el cáncer o la EPOC. Favorecer condiciones de endurecimiento de los vasos sanguíneos (arteriosclerosis) por fumar es devastador en todo el organismo.

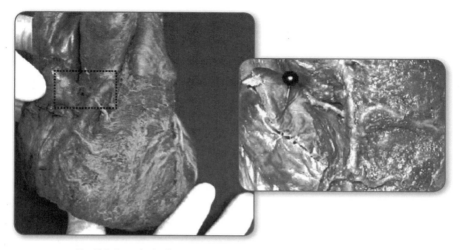

Fig. 5.1. La principal causa de muerte por fumar es el impacto en el sistema cardio y cerebrovascular.

Respecto del corazón y otras enfermedades circulatorias, los dos químicos en el cigarro que provocan mayores problemas son la nicotina y el monóxido de carbono. La nicotina, además de ser un alcaloide muy adictivo, es un fuerte vasoconstrictor venenoso que afecta a todo el cuerpo.

Este mortífero insecticida es un estimulante que acelera el ritmo cardiaco unas 20 veces por minuto con cada cigarro, incrementa la presión sanguínea; constriñe los vasos sanguíneos, tornando más difícil para el corazón bombear sangre a través de arterias más estrechas y causando que el cuerpo libere depósitos de grasa y colesterol a la sangre.

El corazón tiene que trabajar más para superar estos efectos, y para ello necesita más oxígeno, el cual debe ser transportado a través de la sangre, pero el monóxido de carbono del humo del cigarro envenena la capacidad de la sangre para transportarlo.

Esto se traduce en que el corazón debe trabajar más duro con el fin de conseguir más sangre para sí mismo porque está trabajando más de lo normal. Esto es un ciclo. Un círculo vicioso mortal.

Más nicotina, menor diámetro vascular, más depósitos de grasa liberados al torrente sanguíneo. Más monóxido de carbono, sangre más pegajosa y espesa, menos oxígeno a todos los órganos del cuerpo. Más carga de trabajo al corazón. Es sólo cuestión de tiempo y tabaco antes de que los daños sean irreversibles y mortales.

Fig. 5.2. Usualmente tenemos grandes aberturas (a la izquierda) en las arterias. Hacia la derecha vemos arterias cada vez más bloqueadas (aterosclerosis).

Otro problema son los coágulos de sangre, que pueden bloquear el flujo sanguíneo a cualquier órgano o tejido al que lleve la arteria. Sin ser posible la circulación, el músculo literalmente se sofoca en cuestión de minutos y queda inservible. En ocasiones la arteria involucrada es una coronaria, la cual provee al corazón la sangre que necesita para funcionar.

Si el coágulo es lo suficientemente grande, corta todo el flujo sanguíneo a la sección del corazón que esa arteria llevaba. El resultado es que una porción del músculo cardiaco que se suponía iba a conseguir el suministro de nutrientes se ahoga y muere en cuestión de minutos.

El tejido es frágil, como lo ilustra su desgarramiento en la figura 5.3. En lugar de ser capaz de bombear sangre, en esta sección toda

Fig. 5.3. Arriba vemos la muerte (infarto) del músculo cardiaco (al miocardio).

la zona del músculo ya no tiene la capacidad de ser utilizada para su función de soporte vital. Los fumadores se infartan mucho más a menudo debido a los efectos de la nicotina y el monóxido de carbono. La nicotina tiene todas las consecuencias directas en el propio corazón, el monóxido de carbono roba el suministro de oxígeno y los productos químicos incrementan los factores de coagulación y obstrucción de la sangre.

Si la sección afectada del corazón fue de un tamaño considerable, el fumador muere en el primer ataque. A menudo, áreas más pequeñas se ven dañadas y el paciente puede sobrevivir, pero ha perdido esa parte específica del corazón y puede tener problemas permanentes en la ahora limitada red de vasos sanguíneos de tejido de ese órgano.

En experimentos con conejos es posible ver cómo la administración de nicotina reduce el diámetro de las arterias del animal conforme ésta ingresa al torrente sanguíneo. Por eso es que la actual Cirujana General de Estados Unidos, la doctora Regina Benjamin, pide a los fumadores activos reflexionar acerca de si fumar ese otro cigarro será lo que por fin les desencadene un ataque cardiaco fulminante.

Sin embargo, los coágulos no son la única manera como estas arterias se pueden bloquear. Otra forma es por obstrucciones de grasa. A diferencia de los coágulos que se forman de sangre y se convierten en obstáculos, el colesterol puede construir depósitos de grasa que tienen el mismo efecto de bloquear el flujo sanguíneo. Las llamadas placas.

Con el tiempo, esta apertura se va haciendo más estrecha y el flujo de sangre se obstaculiza más y más. Esto por supuesto se suma a la carga de trabajo del corazón para bombear a través de las arterias más pequeñas con mayor resistencia. Sin embargo, esta obstrucción no sólo afecta las arterias coronarias, sino a las de todo el cuerpo.

Este alcaloide vasoconstrictor libera depósitos de grasa y además, el monóxido de carbono que acompaña su ingesta, hace que la grasa se pegue a las paredes arteriales. La razón es que el CO se adosa a la sangre con 200 veces más afinidad a la hemoglobina que el oxígeno, disminuyendo el nivel de oxígeno transportado y la falta de oxígeno en la sangre hace que la grasa se pegue a las paredes arteriales.

Si una placa de grasa se desprende o llega a un tamaño tal que la sangre no pueda pasar, la parte del cuerpo que requería esos nutrientes se pierde. Si esa arteria conducía al corazón, como en el caso de arterias coronarias adosadas de grasa en sus paredes internas, el resultado será un ataque al corazón con pérdida de tejido muscular, que si es lo bastante grande, le costará la vida al fumador por insuficiencia cardiaca.

EMBOLIA Y DERRAME CEREBRAL

El corazón no es el único órgano afectado por el estrechamiento de arterias, coágulos y adherencia de grasa liberada al torrente sanguíneo por nicotina y CO. Otro sitio común de problemas por consumir cigarros son las arterias que irrigan el cerebro, provocando los dos tipos de accidentes cerebrovasculares (ACV), que se podrían prevenir controlando los factores de riesgo, siendo el más importante de ellos, fumar. Mi tío Juan sobrevivió con graves y permanentes secuelas a un ACV isquémico por fumar dos cajetillas al día. Él abandonó el tabaco a raíz de ello, lástima que también haya tenido que olvidarse, literalmente, de su vida tal cual la conocía.

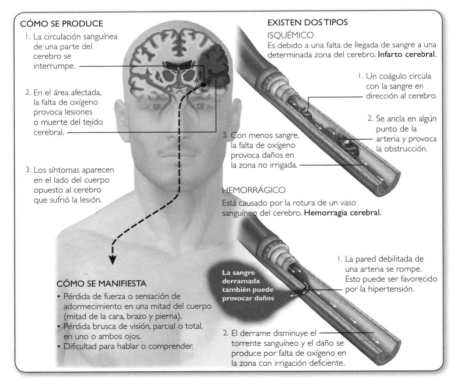

Fig. 5.4. Fuente: Doctor José Álvarez Sabín. Hospital Vall d'Hebron, Cataluña, España.

Como ilustra el reconocido doctor José Álvarez Sabín, los accidentes cerebrovasculares pueden ser de dos tipos: el isquémico (embolia) por un bloqueo, y el hemorrágico (derrame) debido a la ruptura de una arteria. Ambos tienen su principal factor etiológico en el consumo de tabaco. Presta mucha atención a los detalles de su diagrama.

Las arterias que van al cerebro son delgadas y claras, no son fáciles de ver, pero con la acumulación de grasa se hacen más visibles. Si un depósito de grasa completa los cortes de circulación sanguínea al cerebro, y como es el caso con el corazón, la parte del cerebro que no recibe flujo sanguíneo se ahoga y muere. Otros factores de riesgo como colesterol, hipertensión, diabetes, sobrepeso, consumo de alcohol y de otras drogas, también se pueden controlar.

La circulación se corta a través de una obstrucción de grasa, un coágulo de sangre o la ruptura de la pared arterial. Si esa parte del cerebro controla el lenguaje, no se hablará más, si en la región de este importante órgano están alojados procesos cognitivos superiores, esas capacidades se verán afectadas, si controla alguna otra forma de función motora, esas habilidades se perderán y dejarán al fumador incapacitado o lisiado. Si la sección dañada del cerebro controlaba alguna función de mantenimiento vital, el paciente morirá en cuestión de minutos cuando el corte a la circulación se haya completado.

La coagulación de sangre y la acumulación de grasa son las principales razones por las que los fumadores están en un mayor riesgo de padecer estas condiciones. Pero este efecto de obstrucción o corte de circulación no sólo se limita a los órganos principales, los químicos producidos en la combustión del cigarro afectan todas las arterias del cuerpo.

Estas afecciones pueden no ser mortales como el corte de circulación al corazón o al cerebro, pero puede mostrar el verdadero potencial del fuerte ligue de los receptores neuronales con la nicotina. Perder un miembro, la vista, padecer disfunción eréctil en el caso de los hombres o menopausia anticipada y osteoporosis en el caso de las mujeres, es una posibilidad muy real si se continúa justificando el consumo.

En la circulación vascular periférica, las arterias que van a las extremidades son también muy susceptibles a los efectos vasoconstrictores de la nicotina, así como al incremento de coágulos y acumulación de grasa que se presentan por el tabaquismo.

Fumar es un agravante para quienes tienen otras condiciones pre-existentes que causan problemas de circulación. El efecto combinado de la nicotina, el CO, alquitranes y potentes tóxicos que los acompañan en su ingreso al cuerpo causa paulatinos pero devastadores daños multisistémicos en todo el organismo.

CEGUERA PERMANENTE

El tabaco, la obesidad y una baja densidad del pigmento macular son algunos factores que pueden provocar pérdida de visión o incluso ceguera por degeneración macular asociada a la edad (DMAE). Un estilo de vida saludable, complementado por la ingesta de complementos nutricionales, puede evitar los factores de riesgo que propician la DMAE.

A menudo existe un vínculo claro entre una forma de vida escasamente saludable y problemas en los ojos. Las personas de más de 50 años pueden verse afectadas por DMAE y, a mediano o largo plazos, perder la visión. Este padecimiento es la causa más común de ceguera legal en Europa. Pero existen elementos que incrementan la incidencia de este problema y que pueden ser evitados. Lo más efectivo para reducir el peligro de la DMAE es no fumar.

Hay distintos factores de riesgo que tienen una influencia negativa en los mecanismos de defensa natural de los ojos. Los más importantes son: consumo de tabaco, dieta pobre en luteína (un pigmento amarillo encontrado en plantas, algas y bacterias fotosintéticas) y zeaxantina, obesidad, exposición directa a la luz del sol, predisposición familiar, hipertensión y tener un iris de color claro.

Los fumadores son dos veces más propensos a perder la visión en la madurez que los no fumadores. La adicción al cigarro incrementa la producción de radicales libres que provocan daño celular y pueden causar una escasa circulación hasta la retina de aquellos nutrientes que protegen la mácula.

Una dieta inadecuada puede contribuir al desencadenamiento de la degeneración macular. La carencia de vitaminas C y E, de zinc, así como de los dos carotenoides (luteína y zeaxantina) responsables de la densidad macular, afecta negativamente el sistema de defensa y puede provocar la progresiva degeneración de la mácula.

Una exposición directa y prolongada a la luz solar, sin la protección de lentes apropiados, puede dañar la retina y motivar una pérdida de visión irreversible o, incluso, ceguera. La radiación de los rayos solares origina sustancias oxidantes dañinas, denominadas radicales libres, que afectan la retina.

Hay factores de riesgo de esta enfermedad contra los que es difícil luchar, como son la predisposición genética o el tener los ojos claros. Pero hay otros que son perfecta y fácilmente evitables como fumar, una dieta inadecuada y la exposición directa a los rayos del sol.

Una prevención efectiva se puede alcanzar con un estilo de vida saludable y una ingesta habitual de complementos nutricionales que contengan luteína (fuentes de luteína son pimientos rojos, coles, repollo, lechuga, espinacas, maíz, mostaza y yemas de huevo) y zeaxantina (que se encuentra en la yema del huevo, maíz, naranjas y mangos).

AMPUTACIÓN DE LAS EXTREMIDADES

Una condición que se destaca por ser única, y que en muchos sentidos demuestra la verdadera naturaleza adictiva de la nicotina mejor que cualquier otra causa, es la enfermedad de Buerger (tromboangitis obliterante), un tipo de enfermedad vascular periférica que afecta exclusivamente a fumadores.

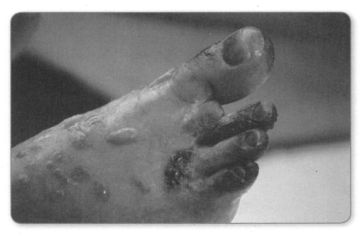

Fig. 5.5. Enfermedad de Buerger. Condición donde hay un corte completo de circulación en las extremidades, resultando en gangrena.

El grupo de edad más común donde ataca la enfermedad es en personas de entre 20 a 40 años, normalmente jóvenes como para tener problemas de circulación que derivan en amputaciones. Si bien es mucho más común en hombres, las mujeres también se ven afectadas.

¿Qué hace que la enfermedad de Buerger sea única? Que es un padecimiento básicamente de fumadores. Casi no hay casos documentados de ocurrencias en un no fumador. El tabaquismo es el factor etiológico primario. Esta es una enfermedad rara, pero interesante por esta naturaleza única de que ocurra sólo en fumadores.

Si un fumador tiene cáncer de pulmón, el enfermo y otras personas a veces pueden pensar: "Los no fumadores también llegan a desarrollar cáncer pulmonar, tal vez los cigarros no sean la causa."

Lo mismo con los ataques al corazón o accidentes cerebrovasculares, los no fumadores también los padecen, los fumadores sólo los sufren mucho más a menudo. Pero, de nuevo un cierto nivel de rechazo puede ser exhibido y a menos que una autopsia revele las causas, no hay forma de probar de manera concluyente que el cigarro lo hizo.

Sin embargo, la enfermedad de Buerger, al no tener otra causa conocida, y como básicamente no sucede en no fumadores, no se presta a tales negaciones. Cuando un médico determina que está tratando con un paciente de tromboangitis obliterante, una advertencia básica va a ser entregada: "¡Deja de fumar o pierdes tu extremidad, tú eliges!"

Si se tratara simplemente de un "gusto", ¿cuántas personas que hubiesen recibido un ultimátum así, sabiendo que es verdad, continuarían con el comportamiento que generó esas consecuencias? Ignorar la mecánica de acción de la nicotina es una horrible razón para perder una extremidad.

La mayoría de los pacientes con Buerger fuma mucho, pero hay casos que también ocurren en pacientes que lo hacen "poco", mientras que otros han sido reportados en los usuarios de tabaco sin humo. Se ha postulado que la enfermedad de Buerger es una reacción "autoinmune" (en la que el sistema inmunológico del cuerpo ataca sus propios tejidos) que se activa por algún componente del tabaco; sin embargo, no hay que pasar por alto los peligrosos efectos vasoconstrictores de la nicotina y de carboxihemoglobina (COHb) del monóxido de carbono.

Una enfermedad trágica y fatal puede llegar antes de que realices exitosamente un intento serio por dejar de fumar. No existen beneficios por consumir nicotina y las consecuencias de mantener la adicción al tabaco han probado ser devastadoras.

DISFUNCIÓN ERÉCTIL

Uno de los temas en el que la mayoría de los hombres prefiere no pensar al tratarse de problemas relacionados con el sistema cardiovascular es la impotencia generada por el estrechamiento de los vasos sanguíneos que irrigan el pene. El resultado es debido al mismo efecto de la nicotina y el monóxido de carbono en el organismo: estrechamiento de las venas y arterias y acumulación de depósitos de grasa en las mismas.

En los hombres mayores, la disfunción eréctil generalmente tiene una causa física, como una enfermedad, una lesión o efectos secundarios de medicamentos. Cualquier trastorno que cause una lesión en los nervios o que deteriore el flujo de sangre al pene puede ocasionar disfunción eréctil. La incidencia aumenta con la edad: alrededor de 5% de los hombres de 40 años de edad, y entre 15 y 25% de los hombres de 65 años de edad experimenta disfunción eréctil, pero ésta no necesariamente es una parte inevitable del proceso de envejecimiento.

Debido a que una erección requiere una secuencia de eventos, la disfunción eréctil puede presentarse cuando cualesquiera de tales eventos se interrumpe. La secuencia completa incluye los impulsos de los nervios en el cerebro, columna vertebral y área alrededor del pene, así como las respuestas de los músculos, tejidos fibrosos, vena, arterias y cerca de los cuerpos cavernosos del pene.

La causa más común de disfunción eréctil es el daño a los nervios, las arterias, los músculos lisos y a los tejidos fibrosos, a menudo como resultado de un padecimiento. Enfermedades como diabetes, afecciones del riñón, alcoholismo crónico, esclerosis múltiple, arteriosclerosis, psoriasis, enfermedades vasculares y neurológicas son responsables de alrededor de 70% de los casos de disfunción eréctil. Entre 35 y 45% de los varones con diabetes padece disfunción eréctil.

También una cirugía (especialmente la cirugía radical de próstata debido a cáncer) puede afectar nervios y arterias cerca del pene y causar disfunción eréctil. Una lesión en el pene, la columna vertebral, próstata, vejiga o en la pelvis, puede llevar a disfunción eréctil, y producir lesión en nervios, músculos lisos, arterias y tejidos fibrosos de los cuerpos cavernosos.

Muchos medicamentos comunes –para la presión arterial, antihistamínicos, antidepresivos, tranquilizantes, supresores del apetito y cimetidina (un medicamento para la úlcera)– pueden causar disfunción eréctil como efecto secundario.

Los expertos piensan que factores psicológicos como estrés, ansiedad, culpa, depresión, baja autoestima y el miedo a no desempeñarse en el coito como se espera causan de 10 a 20% de los casos de disfunción eréctil. Los hombres con una causa física de disfunción eréctil a menudo experimentan el mismo tipo de reacciones psicológicas (estrés, ansiedad, culpa y depresión).

Entre las causas encontramos que el tabaquismo disminuye el flujo sanguíneo en venas y arterias debido a los efectos de la nicotina y el monóxido de carbono. El incremento de prolactina que pueden producir algunos fármacos (como ansiolíticos o antipsicóticos) puede ocasionar también disfunción eréctil. Las causas hormonales, como falta de testosterona, suelen asimismo afectar la libido.

DAÑOS EN EL SISTEMA RESPIRATORIO

Los deterioros ocasionados en este aparato son amplios y están bien documentados. El enfisema es la destrucción del tejido pulmonar (alvéolos) que lleva a cabo la función del intercambio de oxígeno con la sangre; la bronquitis es una respuesta inflamatoria de los bronquios en un esfuerzo por protegerse de los tóxicos que los están atacando con cada inhalación de humo de tabaco. Los daños producidos por esos padecimientos son agrupados como EPOC, que siempre es una mezcla de ambos.

Los ex fumadores nos vemos a veces tentados cuando otros fuman. Pasar tiempo con fumadores y verlos inhalar el humo puede ser una asociación psicológica fuerte para racionalizar y justificar el consumo de tabaco. Una forma más productiva de manejar la situación es identificar cómo el fumador activo tiene que encender un cigarro, luego otro y después otro más. Pronto nos damos cuenta de que no hay tal cosa como "sólo una fumada". Ese engaño es el que mantiene el consumo de humo tóxico que destruye e inflama los tejidos del aparato respiratorio.

Otro factor que genera la respuesta condicionada de encender un cigarro es que cuando se ve a una persona fumar, la tendencia natural del ex fumador es fantasear sobre lo bueno que sería consumir tabaco en ese momento. Otra forma de diluir el deseo de fumar es observar cómo la exhalación del humo equivale a 10% de lo realmente inhalado y recordar las demostraciones llevadas a cabo con los materiales provistos en la terapia interactiva, donde se comprueba que alrededor de 90% del humo inhalado se queda en el aparato respiratorio.

Pronto se verá a los fumadores de una manera en la que no se quiere ser, y probablemente, de un modo en el que ellos tampoco quieren ser. Pero no tienen opción. Nosotros como ex fumadores la tenemos. Una vez que se ha pasado algún tiempo sin fumar, es interesante cómo cambian los temores de no volver a fumar a ¡volver a fumar!

ENFISEMA PULMONAR

La EPOC más conocida es el enfisema, que junto con la bronquitis, es otra de las enfermedades que ocurre principalmente a los fumadores. En algunas familias pareciera haber una predisposición genética, y los no fumadores la contraen. Esta es una enfermedad rara, caracterizada por la falta de una enzima en la sangre llamada alfa-1-antitripsina.

Esto es poco común, aunque si tienes familiares que nunca habían fumado pero desarrollaron enfisema, puede haber una tendencia genética. Sin embargo, más de 90% de los casos de enfisema es simplemente causado por tabaquismo. Erradica la adicción al cigarro y eliminarás el riesgo de desarrollar enfisema. Otra causa poco conocida es la costumbre de preparar los alimentos en espacios cerrados, carentes de ventilación adecuada, con fuego producido por la combustión de leña y carbón.

Para darte cuenta de cómo un pulmón se altera por el tabaco a causa de enfisema, mira la figura 5.6.

Fig. 5.6. Tejido pulmonar destruido por enfisema.

En la imagen del pulmón normal presentado en páginas adelante, puedes ver los depósitos de carbono recogidos a través de los efectos de la contaminación. Pero cuando se compara con el pulmón de un fumador con enfisema, hay una gran diferencia. El problema no es sólo el terrible ennegrecimiento de tejido, sino que los pulmones han sido completamente deformados, haciendo la respiración extremadamente difícil e imposible con el tiempo.

Para tener una idea de lo que se siente respirar con enfisema, aspira profundamente y mantén el aire dentro, así, toma otra respiración profunda, mantén esa inhalación también. Una vez más toma otra respiración, deja salir todo el aire. Junto con los ejercicios de respiración profunda, ésta es una de las muchas demostraciones que hacemos en la terapia interactiva.

Si se hace bien, en ese segundo o tercer aliento alcanzas a sentir lo que es respirar cuando se tiene enfisema avanzado. El enfisema es una enfermedad en la que no puedes exhalar aire. Muchas personas piensan que es un padecimiento donde no se puede inhalar, pero en realidad es todo lo contrario. Con el humo se compromete la elasticidad de los pulmones mediante la destrucción de los tejidos que contraen el pulmón de nuevo, después de usar los músculos que nos permiten respirar aire.

Así que cuando llega el momento de hacer su siguiente respiración, es mucho más difícil porque sus pulmones no pueden volver a su forma original. Imagina que vas por la vida y tienes que luchar para respirar como las últimas dos respiraciones que tomaste. Por desgracia, millones de personas no se lo tienen que imaginar, lo viven todos los días.

¿Te acuerdas de Sandro de América? (1945-2010). Fue un cantautor argentino que declaró a los medios de comunicación en 1997 la gravedad del enfisema pulmonar crónico que el consumo de cigarros le había ocasionado (dejó de fumar a partir de entonces). El 20 de noviembre de 2009 se sometió a un trasplante cardiopulmonar, murió de neumonía y sepsis generalizada 45 días después, el 4 de enero de 2010, a los 64 años de edad. Durante la evolución de su padecimiento dio numerosas entrevistas en las que pedía encarecidamente a la población que dejara de fumar.

Es una forma miserable de vivir y una manera lenta y dolorosa de morir. Esperemos que cuando respires normalmente hoy no tengas dolor ni requieras oxígeno. Si no fumas, seguirás dándote la oportunidad de respirar más y sentirte mejor. Nunca pierdas de vista este hecho.

BRONQUITIS CRÓNICA

La bronquitis es una respuesta inflamatoria del recubrimiento interno de los tubos bronquiales. Estos tubos, los bronquios, conectan la tráquea a los pulmones. Cuando están inflamados y/o infectados, entra y sale menos aire de los pulmones y se tose con mucha expectoración. Numerosas personas sufren un ataque breve de bronquitis aguda con tos y producción de flema, cuando tienen resfríos intensos. En general, la bronquitis aguda no causa fiebre.

La bronquitis crónica se define como la presencia de una tos con mucosidad la mayoría de los días del mes, tres meses de un año, por dos años sucesivos y sin otras enfermedades subyacentes para explicar la tos. Típicamente precede o acompaña el enfisema pulmonar. La EPOC es siempre una combinación de algún grado de enfisema y bronquitis.

El cigarro es la causa más común de la bronquitis crónica, hay muy pocos casos que no están relacionados con su consumo. Una vez que los tubos bronquiales han permanecido irritados durante un lapso prolongado, constantemente se produce flema excesiva, el recubrimiento de los tubos bronquiales se hace más grueso, surge una tos irritante, el flujo de aire disminuye y los pulmones están en peligro. En esa etapa los tubos bronquiales se convierten en el lugar ideal para la incubación de infecciones.

La bronquitis crónica afecta a personas de todas las edades, pero es más común en los individuos mayores de 45 años de edad. Esta respuesta inflamatoria a la irritación por los gases tóxicos generados en la combustión del tabaco ocurre consistentemente con mayor frecuencia entre mujeres que entre hombres.

Independientemente de su trabajo y de su estilo de vida, la gente que fuma cigarros es la más propensa a contraer bronquitis crónica. Los síntomas se intensifican cuando los individuos continúan fumando.

A menudo las personas no prestan atención a la bronquitis crónica hasta que está en una etapa avanzada, porque creen erróneamente que esta enfermedad no amenaza la vida. Cuando el paciente finalmente va al médico, con frecuencia sus pulmones están seriamente lesionados. En ese caso el enfermo puede estar en peligro de contraer problemas respiratorios graves o de tener un fallo cardiaco.

La bronquitis crónica no ataca de manera repentina. Después de que un resfrío de invierno parece estar curado, se puede seguir tosiendo y produciendo grandes cantidades de flema durante varias semanas. Debido a que las personas que contraen bronquitis crónica a menudo son fumadores, tienden a pensar que la tos es solamente "tos de fumador", minimizando los alcances de la enfermedad.

Con el paso del tiempo, los resfríos causan cada vez más daño. La tos y la flema duran más tiempo con cada resfrío. Sin darse cuenta, uno comienza a tomar la tos y la producción de flema como algo normal. Pronto están presentes todo el tiempo, antes de los resfríos, durante los resfríos, después de los resfríos y el año entero. En general, la tos es peor por la mañana y en tiempo frío y húmedo. Cada día se pueden toser unos 30 gramos o más de flema amarilla.

El objetivo principal del tratamiento de la bronquitis crónica es reducir la irritación de los tubos bronquiales. Los antibióticos han ayudado a tratar las infecciones agudas relacionadas con el padecimiento. Sin embargo, la mayoría de las personas con bronquitis crónica no necesita tomar antibióticos constantemente, sino dejar de ingresar humo venenoso y cilio destructor al aparato respiratorio.

Se pueden recetar broncodilatadores para ayudar a relajar y abrir las vías aéreas en los pulmones, si hay una tendencia a que se cierren. Estos fármacos pueden inhalarse en aerosol o tomarse como pastillas. Claro que si se dejan de consumir gases tóxicos, los síntomas mejoran.

Para controlar la bronquitis crónica de manera efectiva es necesario eliminar las fuentes de irritación y de infección en la nariz, la garganta, la boca, los senos paranasales y los tubos bronquiales. Esto significa que las personas afectadas deben evitar el aire contaminado, trabajar donde hay mucho polvo y, por supuesto, fumar está contraindicado.

Si la gente con bronquitis crónica está expuesta al polvo y a emanaciones en el trabajo, el médico podrá sugerirle que cambie de ocupación. Todas las personas con bronquitis crónica deben elaborar y seguir un plan de vida saludable. Mejorar la salud en general también aumenta la resistencia del cuerpo a las infecciones.

COMPARACIONES PULMONARES

En la figura 5.7 puedes ver cómo los pulmones del fumador se congestionaron por los alquitranes. Los fumadores no sólo ponen cientos de cigarros en su sistema, sino que literalmente se fuman cientos de miles de cigarros durante su más corta vida. Este efecto de ennegrecimiento es más que estéticamente desagradable, es de hecho mortal.

La zona deformada en la parte superior izquierda es cáncer, lo que mató a la persona. El área ennegrecida es el acumulado de alquitranes por consumo de cigarros. El tejido en la imagen de la derecha ha sido destruido por el enfisema.

Fig. 5.7. Pulmón canceroso alquitranado y pulmón con enfisema.

Para tener una comparativa real, aquí hay una imagen completa del aparato respiratorio y corazón de un no fumador y de un fumador, para ver la cantidad de daños y alquitranes que en realidad se acumulan en el sistema cardiopulmonar. Fíjate en la figura 5.8 cómo el corazón de la derecha es más grande que el de la izquierda.

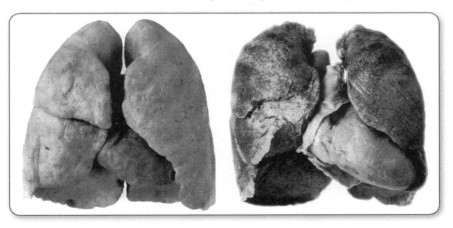

Fig. 5.8. Pulmón normal: nota algunas manchas negras, indicativo de los depósitos de carbono por la contaminación. Compáralos con los pulmones de la derecha.

Cáncer de labios, boca, laringe, tráquea, bronquios, pulmones, páncreas, riñón, vejiga, cérvix, colon...

Tuve que usar puntos suspensivos al final del subtítulo porque contrario a la creencia popular de que fumar cigarros provoca sólo cáncer de pulmón, hay una larga cadena de cánceres asociados con el consumo de tabaco.

Muchos productos químicos actualmente prohibidos para el consumo humano fueron retirados al causar 5 % o menos casos de cáncer en experimentos similares. Los alquitranes del cigarro contienen algunas de las sustancias químicas y radiactivas más cancerígenas conocidas por el hombre, como: benzopireno, benceno, nitrosaminas específicas del tabaco y el elemento polonio 210.

En una forma de demostrar las proporciones del problema se construyó una máquina que fuma 2000 cigarros al día, copiando los patrones de inhalar y exhalar de los fumadores para capturar cantidades equivalentes de alquitranes.

Fig. 5.9. Máquina fumadora.

Fig. 5.10. La botella contiene los alquitranes hidrocarburos aromáticos policíclicos (benzopireno), hidrocarburos volátiles (benceno) y nitrosaminas de 2000 cigarros.

Si en forma diluida (no concentrada, como se hace a veces en experimentos con animales para demostrar que estos químicos son cancerígenos) se tiñe la piel de ratones, 60% de ellos desarrollará cáncer de piel en menos de un año.

Fig. 5.11. Cáncer de piel en ratones luego de teñirlos con alquitranes diluidos. Con estos alquitranes, sin diluir, los fumadores tiñen su organismo.

Considera esto cuando veas a alguien fumar y exhale únicamente 10% de los alquitranes que realmente inhala. No sólo tiñe el pulmón con estos productos químicos, sino que se pasa constantemente este tinte cancerígeno por labios, lengua, laringe, deglutiendo cualquier alimento y, por tanto, tiñendo el esófago hasta llegar al estómago y el tracto digestivo. Los fumadores han aumentado los incidentes de cáncer en todos estos órganos expuestos a agentes mutagénicos.

Si un fumador espera hasta que el cáncer ha comenzado, el pronóstico no es alentador. La tasa global de cinco años de supervivencia para el cáncer de pulmón es de 14%. Esta es una enfermedad que en 1930 era muy poco frecuente y ahora es el cáncer asesino principal en hombres y mujeres.

¿Qué pasó en medio que hizo dispararse la incidencia de cáncer de pulmón? Tres cosas: 1. Las máquinas de liar cigarros se perfeccionaron, haciéndolos disponibles masivamente. En 1910, EUA fabricaba 10 mil millones de cigarros; en 1930, 123 mil millones. 2. En la Primera Guerra Mundial se permitió a las tabacaleras entregar paquetes de cigarros en las raciones para los combatientes, práctica que continuaron en la Segunda Guerra Mundial. 3. En 1927, el cine dejó de ser mudo y los actores empezaron a fumar en pantalla, haciendo una publicidad enorme a su consumo. La pandemia de la adicción al tabaco había comenzado.

El cáncer es en realidad muchas enfermedades diferentes, con numerosas causas distintas. Si nos fijamos en sus tendencias en el último siglo, veremos algunos cambios sorprendentes. Mientras que el cáncer siempre ha estado presente, los problemas principales se localizaban en diferentes órganos. El cáncer de pulmón en el siglo pasado era casi desconocido. Cuando aparecía alguno, típicamente se asociaba a algún otro carcinoma que había podido generar metástasis al pulmón.

Ahora es la principal causa de muerte por cáncer en nuestra sociedad, matando a más hombres y mujeres que en cualquier otro órgano o sistema. La principal diferencia entre ahora y entonces es el tabaquismo. Al final del siglo XIX fumar era una práctica limitada. Un porcentaje pequeño de personas consumía tabaco e incluso quienes lo hacían, fumaban muchos menos cigarros. La máquina de liar automática fue inventada en 1881 por James Bonsack y perfeccionada al final de la década de 1900, haciendo posible producir cigarros en masa.

Hemos oído hablar de una epidemia de cáncer, de cómo más y más personas mueren de esta enfermedad cada año. En realidad, si se sacan los sitios relacionados con fumar de las estadísticas, las muertes por cáncer han estado en declive. En algunos órganos como el estómago, la incidencia se redujo drásticamente. En otros, como la mama, la tasa de morbilidad (número de casos) no cayó, pero ahora tenemos mejores tratamientos y por la detección temprana, la tasa de mortalidad ha disminuido.

Sin embargo, los cánceres por fumar de pulmón, boca, labios, lengua, garganta, laringe, páncreas, esófago, faringe y vejiga urinaria aumentaron notablemente en el siglo XX. Han ido de la oscuridad a algunas de las principales causas de muerte en el vecino país del norte.

Por primera vez en 100 años se registra una disminución temprana de la morbilidad y mortalidad debido a que ha habido una caída en los porcentajes de fumadores adultos en Estados Unidos. No es el caso de México, donde las encuestas nacionales de adicciones 2002 y 2008 reportan un estable porcentaje de fumadores de 20.4 % en las comunidades urbanas y 18.5 % en las rurales.

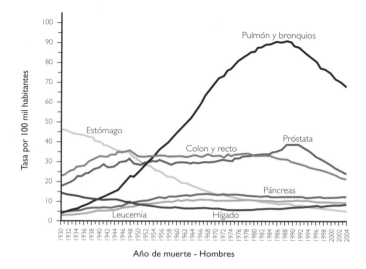

Fig. 5.12. Volúmenes de mortalidad de hombres en EUA de 1930 a 2004. CDC, 2009.

Verás una drástica diferencia en las tasas de cáncer de pulmón entre hombres y mujeres. La razón es que las mujeres empezaron a fumar más tarde que los hombres, cerca de un retraso de 30 años, porque antes de ese tiempo no era socialmente aceptable que fumaran.

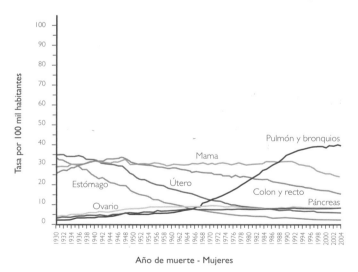

Fig. 5.13. Volúmenes de mortalidad de mujeres en EUA de 1930 a 2004. CDC, 2009.

La tasa de fumadores entre hombres subió drásticamente en la Primera Guerra Mundial y tuvo otro gran impulso durante la Segunda Guerra Mundial. La distribución gratuita de cigarros a los soldados fue un gran factor, pues hizo a tropas enteras adictas a la nicotina. Las tasas de mujeres fumadoras se incrementaron mucho más tarde y el tiempo de retardo se refleja en el tiempo de atraso en la aparición del cáncer y otras enfermedades que también aumentaron.

Las imágenes y gráficas anteriores son principalmente para mostrar cómo fumar ha disparado la incidencia de cáncer de pulmón y en otros órganos. Pero el asalto al organismo por los químicos tóxicos del tabaco no se limita a causar cáncer, eso será si tu cuerpo resiste los embates de las complicaciones cardiovasculares y de las enfermedades de pulmón ocasionadas directamente por el consumo de tabaco, como las EPOC, como enfisema y bronquitis descritas anteriormente. El consumo de tabaco simplemente provoca daños multiorgánicos a todo lo largo y ancho del cuerpo.

MENOPAUSIA ANTICIPADA, OSTEOPOROSIS

Ahora que en cuanto a afectaciones exclusivas de los sexos, en las mujeres la aparición de menopausia anticipada y grados más avanzados de osteoporosis a edades más tempranas son una consecuencia comprobada del consumo de cigarros.

Las mujeres que fuman en la edad adulta tienen 59 % más riesgo de padecer menopausia precoz; una probabilidad que casi se dobla entre las consumidoras más férreas. Sin embargo, dejar el tabaco varios años antes de los 40 puede disminuir considerablemente esta relación. Aunque lo más habitual es que el periodo se retire entre los 45 y 54 años, algunas mujeres desarrollan la menopausia antes. Esta condición se relaciona con un mayor riesgo de osteoporosis (pérdida de densidad ósea) y de muerte por cardiopatía isquémica (obstrucción del riego arterial al corazón), entre otras complicaciones.

Un trabajo publicado en *BMC Public Health* analiza si el tabaquismo pasivo y activo influye en la menopausia temprana. Como objetivos secundarios, los expertos, procedentes de la Universidad de Oslo y del Instituto Noruego de Salud Pública, examinaron la relación de esta tóxica adicción con otros factores, como el consumo de alcohol o café.

Los especialistas estudiaron el perfil de 2123 mujeres posmenopáusicas, entre 59 y 61 años, pacientes en el *Oslo Health Study*. Además del consumo de tabaco, se tuvo en cuenta la edad en la que tuvieron la menopausia, así como el peso y la altura, el nivel sociocultural, el consumo de alcohol y café, además de las relaciones sociales.

Tanto el tabaquismo activo como el pasivo fueron altos en la muestra estudiada; 24.2% era usuaria de tabaco, 28.7% lo había sido y 35.2% no era consumidora y se le agrupó como fumadoras pasivas. De todas ellas, alrededor de 10% tuvo menopausia precoz.

Tras analizar toda esta información, el trabajo concluyó que las mujeres adictas al cigarro cuentan con más riesgo de que se les retire la menstruación antes de tiempo, entre ellas, las más fumadoras presentaron casi el doble de probabilidades. Sin embargo, aquellas que dejaron de fumar unos 10 años antes de la menopausia redujeron esta probabilidad considerablemente (87% menos).

HUMO DE SEGUNDA MANO

También se le conoce como humo ambiental de tabaco (HAT). Es una mezcla de dos tipos de humo que provienen de la combustión del tabaco: la corriente principal de humo (el humo que es exhalado por un fumador) y la corriente secundaria (el humo que viene desde el extremo de un cigarro, pipa o puro encendido, el que se escapa por la envoltura del cigarro o puro y el que sale por el otro extremo). A pesar de que se suele pensar en ellos como lo mismo, no lo son. El humo secundario tiene una mayor concentración de agentes que causan cáncer (carcinógenos y mutagénicos) que la corriente principal de humo, esto es porque contiene partículas más pequeñas que este último, que se abren camino con mayor facilidad en las células del cuerpo.

Los componentes del humo del tabaco se clasifican en dos grupos: los gases o fase gaseosa (es el contenido de humo que pasa a través de un filtro tipo "Cambridge", hecho de agujas de vidrio muy finas) y las partículas o fase particulada (el contenido que no pasa a través del filtro). Ambos componentes se encuentran en los dos tipos de corrientes antes descritas.

Cuando los no fumadores están expuestos al humo de segunda mano se llama *tabaquismo involuntario* o *pasivo*. Los no fumadores que respiran el humo de segunda mano ingresan a su organismo productos químicos tóxicos, nicotina y monóxido de carbono como los fumadores. Entre más tiempo estén expuestos al humo de segunda mano, más alto es el nivel de estas sustancias químicas dañinas en su cuerpo.

Los fumadores activos ahora tienen un problema "multiplicado", ya que al haber sido relegados a zonas exclusivas de fumadores, los niveles de gases y partículas, producto de la combustión de todos los fumadores en el sitio, dan lugar a concentraciones muy elevadas de compuestos tóxicos en el ambiente. El consejo no es sólo dejar de fumar, es también alejarse de esas concentraciones tóxicas y cancerígenas porque son capaces de dañar el ADN celular.

Los fumadores activos "eligen" estar ahí, aunque por supuesto, cualquier fumador que haya conocido el P6P lo pensaría dos veces. Una de las razones por las que los fumadores pasan por alto esa situación es la falta de conocimiento del grado de toxicidad del humo de tabaco y la capacidad de destrucción que puede generarle a un ser vivo. Hay estadísticas serias cuyos resultados muestran que una de cada tres muertes atribuibles al consumo de tabaco se da en personas que nunca fumaron. ¿Te acuerdas de la tía Lupe? Un inesperado evento cardiaco que sufrió en pleno vuelo de un avión en el que era pasajera, la hizo regresar a México en un aterrizaje de emergencia.

Desafortunadamente hay personas que por su trabajo, como los empleados de bares y restaurantes donde hay áreas para fumar, deben mantenerse en contacto permanente con el concentrado de dichas sustancias en el ambiente. Para un fumador activo no es muy perceptible, pero para un no fumador o ex fumador entrar en la zona de fumadores es un golpe a los sentidos.

El HAT ha sido clasificado como "cancerígeno (agente que causa cáncer) humano conocido y probado" por el Programa Nacional de Toxicología de la Agencia de Protección Ambiental de EUA (EPA). La Agencia Internacional para la Investigación del Cáncer (IARC) dependiente de la OMS, lo coloca en el Grupo I (agente cancerígeno y mutagénico). Esta categoría se utiliza cuando hay evidencia suficiente de carcinogenicidad en humanos.

Estudios recientes revelan que el humo de la combustión del tabaco contiene más de 7000 químicos, 81 de los cuales se sabe con certeza que causan cáncer y hacen mutar el ADN, especialmente los alquitranes hidrocarburos aromáticos policíclicos (benzopireno), los alquitranes hidrocarburos volátiles (benzeno) y las nitrosaminas. Si a eso sumas gases tóxicos como el monóxido de carbono (CO), metales pesados como el cadmio, elementos radiactivos como el polonio 210, más la joya adictiva de la corona en un alcaloide venenoso vasoconstrictor peligroso: la nicotina, no es de sorprender que las devastadoras consecuencias por el consumo de tabaco sean la causa número 1 prevenible de muerte e invalidez del mundo.

DISCIPLINAS DEL PROGRAMA

La aportación de disciplinas médicas, psicológicas, socioeconómicas, estadísticas, fisiológicas, conductuales y cognitivas de las que el P6P para recuperarse del tabaquismo echa mano, es única en varios sentidos: no busca teorizar o aleccionar en lo obvio, tampoco pretende llegar a una profundidad que nos desvíe del objetivo fundamental, que es llevar el mensaje de que con el conocimiento correcto, es posible dejar de fumar y que poniendo de tu parte una simple práctica que con el tiempo se hará costumbre, podrás darle mantenimiento a tu enfermedad permanentemente: sólo por este momento no le des una fumada a un cigarro, un paso a la vez (deja que la ansiedad por fumar pase, no durará más de unos momentos, usa el segundero de un reloj para darte cuenta del hecho), sólo por hoy no prendas otro cigarro, un día a la vez. Poco a poco se va lejos, pon de tu parte. Es aquí, en los primeros días del desarraigo de la adicción, durante el proceso de desintoxicación física y psicológica de la nicotina, donde tu carácter y fuerza de voluntad serán de utilidad para no ceder a la respuesta condicionada de encender un cigarro.

Una sola fumada echa a andar un proceso fisiológico del que se ha probado que no tenemos ningún control consciente. Con una fumada te vuelves a encadenar al consumo de tabaco, por eso el alto porcentaje de reincidencia en la adicción. El asunto no es con qué facilidad dejas el tabaco, eso lo arreglamos en la terapia, el problema es con qué facilidad vuelves a ser fumador activo. Para prevenir que eso suceda, tienes ahora este manual en tus manos.

Una sola fumada te hará pasar por el síndrome de abstinencia de nuevo o te regresará a fumar todo lo que ya te venías fumando, no hay un punto medio. Sabes que así es, los fumadores siempre estamos intentando dejar de fumar, pero creíamos que "una fumada no haría daño". Si no consideras que encadenarse al consumo de tabaco es una fuerte adicción, discapacitante, además de potencialmente mortal y te permites la complacencia de "sólo una fumada", volverás a expresar los receptores neuronales a la alza. No importa si han pasado años o décadas de que hayas dejado de fumar, habrás vuelto al círculo vicioso consumo-liberación-ansiedad. Imagínate lo que unas pocas fumadas podrán hacerte durante el proceso de desintoxicación inicial.

Aquí hay una salida certera y ya sabes cómo abrirla. Te toca atravesarla. Seguida adecuadamente, dejar de fumar ya no será más un intento, se convertirá en una realidad tangible que mejorará tu vida y la de quienes están a tu alrededor. No te preocupes de mañana, la siguiente semana, mes o año, concéntrate en no fumar hoy desde que te levantes, hasta que te acuestes. Al final del día felicítate por haber evitado una engañosa adicción costosa que con el tiempo te discapacitará, y de insistir en su peligrosa práctica, a la larga cobrará tu vida. Es cuestión de tiempo y tabaco.

Abandona las racionalizaciones para justificar la dependencia al cigarro. El manual es suficiente para darle mantenimiento a la decisión que tomas en la Clínica del Tabaco al participar en la terapia fisiológica y conductual cognitiva, así obtendrás las llaves de las cerraduras y de los candados con los que el tabaco te ha esclavizado todo este tiempo, dejando de fumar ¡de una vez y para siempre!

La Clínica del Tabaco, S. C., es seria en su propuesta para aportar en el combate al discapacitante y mortal consumo de tabaco, que no sólo es insidiosamente destructivo desde los puntos de vista de salud y vidas, también acaba con importantes recursos económicos por diagnóstico, tratamiento y rehabilitación de enfermedades relacionadas con fumar. Recursos que se pueden redirigir a necesidades prioritarias para el desarrollo familiar y del país.

Además del P6P (que se conforma de la terapia interactiva, este manual y seguimiento personalizado), la clínica ofrece conferencias magistrales en instituciones educativas, gubernamentales, centros de salud, aseguradoras y empresas; programas preventivos a los tres últimos grados de escuela primaria (10 a 12 años), en todos los niveles de secundaria (13 a 15 años) y preparatoria (16 a 18 años), aparte de consultoría en políticas públicas a los tres niveles de gobierno para la implantación de programas para el desarraigo del tabaquismo en la población consumidora y prevención de la experimentación con nicotina, abuso del alcohol y uso de sustancias para niños y preadolescentes. Dichos programas pueden ser de alcance nacional, estatal o municipal.

CONCLUSIONES

La adicción al tabaco va a durar toda la vida, aunque ésta sea más complicada y corta si seguimos fumando. La cura de la adicción es imposible, pero detener la enfermedad es sólo cuestión de aplicar el proceso del desarraigo de la dependencia que has aprendido en seis pasos de recuperación. El cigarro no ayuda a aliviar la ansiedad o el estrés, al contrario, ya sabemos cómo genera ambas, y también desarmamos la falsa creencia de que fumar es un gusto o placer.

Fumar provoca problemas en todos los aspectos de la vida, principalmente en nuestra salud, siguiendo con la casa, la economía, familia, trabajo, reuniones sociales, mal clima, en la noche, ¿cuándo va a parar todo esto? Para el fumador activo la respuesta es simple: no va a parar nunca. No fumábamos porque nos gustara, sino porque no nos quedaba de otra y creíamos en cosas equivocadas relacionadas con el cigarro, hasta ahora que nuestra conciencia despertó con base en lo que hemos aprendido del P6P. Si tienes alguna pregunta, comentario, sugerencia o deseas participar en la *Terapia Interactiva para Dejar de Fumar*, los datos de contacto están disponibles.

De modo que, con el conocimiento de la mecánica de acción de la nicotina, extinguiendo las racionalizaciones para justificar fumar, considerando que el síndrome de abstinencia es muy manejable siguiendo las indicaciones provistas y desaprendiendo la respuesta condicionada, es momento de hacer una reflexión seria y honesta para preguntarte: ¿Qué ganas con inhalar gases tóxicos y partículas cancerígenas? No tienes nada que ganar, y sí mucho qué perder. Con lo que ahora sabes, ¿tiene sentido ingresar un alcaloide vasoconstrictor peligroso, adictivo y muy venenoso al cerebro? Seguramente con la información que has asimilado podrás tomar, y más importante, mantener la decisión que más te convenga.

¡Erradicar la pandemia de tabaquismo es posible!

Anexo

1. RAZONES FUMADORAS

Terapia interactiva para dejar de fumar

Despertar de la conciencia

Contesta este ejercicio con honestidad, mente abierta y buena voluntad. Es sólo para ti. Ten copias del mismo donde solías guardar cajetillas. Será un soporte importante para mantener tu decisión de abandonar el cigarro y superar el síndrome de abstinencia a la nicotina. Léelo cuando requieras apoyo para recuperar la salud física, la libertad emocional y la paz mental que has perdido por el consumo de tabaco.

1. ¿Por qué empecé a fumar? ¿Cómo me enganché en esto? Se empieza por razones que no son las mismas por las que se continúa.

   _____

   _____

2. ¿Por qué sigo fumando? ¿Por qué no me he podido salir?

   _____

   _____

3. ¿Qué beneficios tangibles obtengo al fumar? ¿Qué gano realmente fumando?

   _____

   _____

4. Mis propias razones para dejar de fumar, ¿por qué quiero dejarlo?

   _____

   _____

2. JURAMENTO DEL FUMADOR

Para hacerlo en voz alta y que sea escuchado conscientemente por ti. Hazlo después de haber decidido dejar de fumar y si te sientes tentado a encender un cigarro.

Con esta fumada me esclavizo a una vida de adicción,
sé que cualquier mal empeora fumando, por lo que
no puedo prometer que te querré, pero puedo
prometer encender un cigarro cada vez que me den ganas
y apoyar mi adicción, sin importar lo cara que se vuelva.

Seré un esclavo fiel, entrenado por las ansias de mi tirano amo
y aunque enferme en el camino a los que estén alrededor
no dejaré que pareja o hijos, familiar o amigo
médico o profesional, político o empresario,
se entrometa entre tú y yo e intente separarnos.

Ya sea que haya pestilencia, quemaduras o incendios,
sin importar ataques al corazón o derrames cerebrales,
aunque haya bronquitis crónica, enfisema o cáncer,
ninguna amenaza de perder la vista o las extremidades
podrá interponerse entre nosotros.

Y aunque sólo necesite tres días para deshacerme de ti,
no usaré experiencia, fortaleza ni esperanza,
dejaré que la respuesta condicionada tome las riendas,
y a pesar de conocer los beneficios de llevar caminos alejados,
me abandonaré enteramente a ti, a tus deseos y consecuencias.

Te fumaré para siempre, a partir de este día en adelante
permitiré que las racionalizaciones guíen mis decisiones
para engañoso bien o para certero mal, con dinero o sin dinero,
en la segura enfermedad, en la precaria salud y hasta que
la incapacidad seguida de una muerte prematura nos separe.

¿Todavía quieres esa otra fumada?

Glosario

Adicción. Según la OMS, es una enfermedad física y psicoemocional. Definida también como incurable, progresiva y mortal, se desarrolla debido a una propensión genética y estadística de afinidad con una sustancia y los receptores neuronales de cada individuo con ella. La base de todas las adicciones es bioquímica debido a que se altera el balance natural del sistema nervioso central. Las adicciones no se curan porque *mielinizan* conexiones cerebrales, pero pueden detenerse.

Además, al administrar una sustancia adictiva, un porcentaje bien documentado de consumidores desarrollará *tolerancia*, lo que a su vez les provocará la necesidad de incrementar la dosis en cada uso. Al excretarse y metabolizarse la droga (legal o ilegal), el consumidor presenta diferentes grados de síntomas del *síndrome de abstinencia* (cruda, mono, *craving*…) a la misma.

El consumidor pierde el balance del sistema nervioso y siente ansiedad ante la falta de la sustancia en su organismo; la ingiere de nuevo para dejar de sentirse mal y tratar de regresar a su anterior estado de estabilidad y paz. Nunca lo logra porque cada ingesta daña más las conexiones neuronales, pero al aliviar la ansiedad temporalmente, argumenta que "le gusta" debido a que así controla la ansiedad (ansiedad que no existiría de no haber consumido previamente la sustancia).

El "gusto" y la "ansiedad" son los dos extremos clásicos de las adicciones. Se consume porque es "un gusto, un placer" (liberación de dopamina) y porque "se controla la ansiedad, se alivian las preocupaciones" (caída de noradrenalina). Ahí nace la corriente psicológica de racionalización de la dependencia y se enseña la respuesta condicionada a eventos que disparan la ansiedad por consumir más sustancia.

En la actualidad se acepta como adicción cualquier actividad que el individuo no sea capaz de controlar, que lo lleve a conductas compulsivas

153

y obsesivas, perjudicando su calidad de vida. Tal es el caso de tabaquismo, alcoholismo, farmacodependencia, abuso de sustancias psicoactivas, drogas ilegales, el juego, relaciones destructivas y dependientes, etcétera.

En 1964 el primer reporte del Cirujano General de Estados Unidos sobre Tabaco y Salud consideraba al tabaquismo como un "hábito". En 1988 el mismo reporte consideraba a la nicotina tan adictiva como la morfina o la heroína. Hoy sabemos que la nicotina es la más adictiva de las sustancias psicoactivas naturales, sintéticas, legales o ilegales conocidas por el hombre.

Mielinización. La mielina es una proteína que se encuentra en el sistema nervioso, forma una capa alrededor de los axones (la vaina de mielina) de las neuronas en seres vertebrados y permite la trasmisión de los impulsos nerviosos entre distintas partes del cuerpo gracias a su efecto aislante electroquímico. Acelera la conducción del impulso nervioso al permitir que los potenciales de acción salten entre las regiones desnudas de los axones y a lo largo de los segmentos mielinizados; de esta forma la trasmisión del mensaje es más rápida.

La mielina es de color blanco, por lo que decimos que los axones mielinizados de las neuronas forman la llamada materia blanca. Por otro lado, los cuerpos neuronales, que no están mielinizados, constituyen la materia gris. Así, la corteza cerebral es gris, al igual que el interior de la médula espinal (en este caso los cuerpos neuronales se disponen en el centro y la mayoría de axones discurre por la periferia).

La mielinización es el recubrimiento con mielina de las vías neuronales que se han recorrido con anterioridad. A más uso de esa vía, más mielina acumula. Así aprendemos y es una de las razones por las que una vez establecido cierto nivel de tolerancia a una sustancia, éste no disminuye. Detenida la adicción, administrar una dosis hará el mismo daño hoy que en muchos años, desencadenará el síndrome de abstinencia, reiniciando el ciclo y regresando al nivel anterior de consumo.

La mielinización no es reversible, pero la pérdida de mielina por enfermedades ocasiona graves trastornos del sistema nervioso, pues los impulsos eléctricos no se conducen con suficiente velocidad o se detienen a mitad de los axones. Suelen ser autoinmunes, es decir, el sistema inmunitario ataca a la mielina al considerarla una sustancia desconocida, ajena al organismo.

Potencial adictivo (PA). Probabilidad estadística de cuántos usuarios que consuman una sustancia determinada desarrollarán tolerancia y se engancharán al ciclo consumo-liberación-ansiedad de la misma. Para el caso de las diferentes sustancias tenemos:

Sustancia	Potencial adictivo (PA)
Nicotina	8/10 (ocho de diez u 80 % de sus consumidores)
Cocaína, heroína y morfina	5/10 (cinco de diez o 50 % de sus consumidores)
Metanfetaminas	4/10 (cuatro de diez o 40 % de sus consumidores)
Mariguana	2/10 (dos de diez o 20 % de sus consumidores)
Alcohol	1/10 (uno de diez o 10 % de sus consumidores)

Racionalizaciones. Las racionalizaciones son justificaciones para mantener una dependencia. Es un mecanismo de defensa que consiste en justificar acciones (generalmente las del propio sujeto) de tal manera que se evite la censura. Se tiende a dar con ello una "explicación lógica" a sentimientos, pensamientos o conductas que de otro modo provocarían sentimientos de inferioridad o de culpa; de este modo una racionalización es transformar en seudorrazonable algo que puede facilitar actitudes negativas, ya sean para el propio sujeto o para otros.

Un ejemplo es el caso de la persona que argumenta que debe fumar por "x, y o z", sin reconocer que padece una adicción inconsciente a una sustancia química de la que no se posee ningún control consciente. Es importante hacer notar que para ser considerada racionalización, el sujeto debe creer en la solidez de su argumento, no empleándolo como simple excusa o engaño consciente.

Razonamiento. En sentido amplio se entiende por razonamiento la facultad humana que permite resolver problemas, extraer conclusiones de los hechos y aprender de manera consciente de las situaciones, estableciendo conexiones causales y lógicas necesarias entre ellas.

En sentido más restringido se puede hablar de diferentes tipos de razonamiento: el razonamiento argumentativo en cuanto a la actividad mental, se corresponde con la capacidad lingüística de argumentar. En otras palabras, un argumento es la expresión lingüística de un razonamiento. El razonamiento lógico o causal es una operación mediante la cual, partiendo de uno o más juicios, se deriva la validez, la posibilidad o la falsedad de otro juicio distinto.

El estudio de los argumentos corresponde a la lógica, de modo que a ella también le corresponde indirectamente el estudio del razonamiento.

Por lo general, los juicios en que se basa un razonamiento expresan conocimientos ya adquiridos o, por lo menos, postulados como hipótesis. Es posible distinguir entre varios tipos de razonamiento lógico. Por ejemplo, el razonamiento deductivo (estrictamente lógico), el razonamiento inductivo (donde interviene la probabilidad y la formulación de conjeturas) y el razonamiento abductivo (la premisa mayor es considerada cierta, mientras que la premisa menor es sólo probable).

Es razonando a nivel consciente para detener los deseos inconscientes por fumar, que se logra desarraigar definitivamente la adicción a la nicotina-tabaco-cigarro.

Respuesta condicionada. El condicionamiento clásico, también llamado condicionamiento respondiente, o modelo estímulo-respuesta (E-R), es un tipo de aprendizaje asociativo que fue demostrado por primera vez por el médico ruso Iván Pavlov.

La forma más simple de condicionamiento recuerda lo que Aristóteles llamaría la ley de contigüidad. El filósofo dijo: "Cuando dos cosas suelen ocurrir juntas, la aparición de una traerá la otra a la mente." A pesar de que es uno de los axiomas primordiales de la teoría del condicionamiento, la explicación al fenómeno dada por algunos teóricos difiere de la expuesta por Aristóteles, ya que ponen énfasis en no hacer alusión a conceptos como "mente"; esto es, todos aquellos conceptos no medibles, cuantificables y observables.

Se puede considerar que más que la mera contigüidad temporal, es la relación de dependencia entre la presentación entre el primero y el segundo estímulos lo que dispone las condiciones en las que ocurre el condicionamiento. Fumar tabaco mientras se bebe alcohol es un buen ejemplo. De ahí la recomendación de abstenerse del consumo de alcohol durante los primeros días del desarraigo de la adicción a la nicotina. Además, la propia naturaleza del alcohol relaja las recién formadas defensas contra el tabaquismo.

Síndrome de abstinencia. Es el conjunto de reacciones físicas y psicológicas que ocurren cuando una persona con adicción a una sustancia –tabaco, alcohol u otras drogas– deja de consumirla. Aunque los síntomas varían en forma e intensidad, de acuerdo con el producto empleado y el tiempo que lleva desarrollándose la dependencia, en todos los casos se deben a que se ha alterado el funcionamiento normal del sistema nervioso.

El uso frecuente de químicos adictivos, legales o ilegales exige cantidades cada vez mayores para lograr el mismo efecto (tolerancia), y ocurre porque las sustancias adictivas "secuestran" gradualmente las funciones de los neurotrasmisores que desencadenan sensaciones de bienestar, alivio, ansiedad y estrés.

En consecuencia, el paciente disminuye su capacidad de experimentar gozo y tranquilidad de manera natural, y crea una dependencia o consumo compulsivo para no sufrir una serie de malestares como nerviosismo, sudor, temblores, escalofríos, dificultad para dormir y otros síntomas que, en conjunto, forman el síndrome de abstinencia.

Aunque los síntomas de este síndrome varían entre sustancias adictivas y personas, el de la nicotina ha sido ampliamente documentado, siendo éste predecible y mitigable. Una vez que la sustancia adictiva haya salido por completo del sistema nervioso y el torrente sanguíneo, se dejará de sentir la necesidad fisiológica de consumirla, dando paso al trabajo psicológico conductual cognitivo para el mantenimiento y desarraigo definitivo de la adicción.

Tabaco. El tabaco es un producto de la agricultura originario de América y procesado a partir de las hojas de varias plantas del grupo *Nicotiana tabacum*. El género Nicotiana abarca más de 50 especies en cuatro grupos principales: *N. tabacum, N. petunoides, N. rustica* y *N. polidiclia*. La *Nicotiana tabacum* se puede clasificar en cuatro tipos: *havanesis, brasilensis, virgínica* y *purpúrea*, que son el origen de las distintas variedades que se comercializan.

En Europa el tabaquismo provoca cada año 1.2 millones de muertes. Está directamente relacionado con 34 enfermedades, de las cuales 15 son cánceres, y es la principal causa de 95 % de los cánceres de pulmón, 90 % de las bronquitis y de más de 50 % de las enfermedades cardiovasculares. En España cada año mueren más de 50 000 personas debido a su consumo, más que por accidentes y consumo de todas las drogas ilegales juntas.

El tabaco debe su poder adictivo a la nicotina, que actúa sobre el sistema nervioso central. El fumador sufre una dependencia física y psicológica que genera un síndrome de abstinencia, que es uno de los factores que perpetúan el tabaquismo. La nicotina genera adicción, y no se emplea para el alivio sintomático de la ansiedad, porque las benzodiacepinas, que son el tipo de tranquilizantes más utilizado, también crean dependencia, pero se consideran más eficaces y menos nocivas.

Es especialmente perjudicial durante el embarazo. No sólo afecta a los fumadores, sino también a los que respiran el mismo aire. Además, el tabaco como tal es lo que menos se fuma, pues excepto el poco tabaco natural, todo lo que se comercializa está adulterado con sustancias químicas que le aportan dudosas o preocupantes propiedades como la de mejorar su sabor o ser más adictivo, y otras que no se saben, porque también tienen fórmulas secretas. Las tabacaleras agregan aditivos que el tabaco puro jamás ha tenido, aumentando la toxicidad que de por sí ya tiene. El tabaco por muy puro o de "liar" como se conoce, siempre causará daño, por lo que la única opción que evita el riesgo de padecer enfermedades relacionadas con su consumo es simplemente no fumar y la única opción para minimizarlo inmediatamente es dejar de fumar.

Tolerancia. La tolerancia a alguna sustancia se produce cuando, como resultado de su administración, el consumidor presenta menor sensibilidad a ella, porque el cuerpo aprende a deshacerse mejor del agente externo y los cambios adaptativos a nivel neuronal están mielinizados. Así, la dosis habitual de la sustancia produce menos efectos, por lo que se necesitan dosis más altas para producir las sensaciones asociadas a su uso.

Se puede crear tolerancia sólo hacia algunos efectos de una sustancia y no hacia todos; incluso desarrollar tolerancia a algunos efectos y sensibilización a otros. Por ejemplo, en el caso del alcohol una persona puede tardar más en emborracharse, necesitar una dosis mayor, pero ser igual o más sensible a otros efectos, como la resaca, por una metabolización menos eficiente.

En el caso de la nicotina, se empieza a los 13 años con unas pocas fumadas a un cigarro y años más tarde es común que esos mismos consumidores necesiten fumar una cajetilla o más al día. El tabaquismo y el alcoholismo son ejemplos claros de cómo el cuerpo desarrolla tolerancia a químicos adictivos (nicotina y alcohol etílico).

Bibliografía, fuentes y páginas web

APA (*American Psychiatric Association*), DSM-IV, *Diagnostic and Statistic Manual of Mental Disorders*, 4a. ed.

Ayesta, J., *Farmacología de la nicotina*, en C. A. Jiménez Ruiz Editor, *Aproximación al tabaquismo en España*, Nicorette, Pharmacia Upjohn, 1997.

Benowitz, N. L. y Le Houezec, J., *Basic and clinical pharmacology of nicotine*, Clin. Chest. Med., 1991.

Brody, Arthur L. *et al.*, *Cigarette smoking saturates brain alpha 4 beta 2 nicotinic acetylcholine receptors*, Archives of General Psychiatry, 2006.

Casas, M. y Gossop, M. (coords.), *Recaída y prevención de recaídas*, Ediciones en Neurociencias, CITRAN, FISP, Barcelona, 1993.

Centers for Disease Control and Prevention, Smoking & Tobacco Use, 1600 Clifton Rd., Atlanta, Georgia, EUA.

Cocores, J. A., *The clinical management of nicotine dependence*, Springer-Verlag Ediciones, Nueva York, 1991.

Doll, R., Peto, R., Wheatley, K., Gray, R. y Sutherland, I., "Mortality in Relation to Smoking, 40 Years' Observations on Male British Doctors", en *British Medical Journal*, 1994.

Doran, C. M. *et al.*, *Smoking Status of Australian General Practice Patients and Their Attempts to Quit*, 2006.

Eberwine, Donna, "Secretos de la industria tabacalera", en *Revista Panamericana de la Salud* **8(1):** Organización Panamericana de la Salud, Oficina Regional de la OMS, 2003.

Encuesta Nacional de Adicciones, Dirección de Epidemiología, Secretaría de Salud, México, 2002, 2008.

Eysenck, H. J., *Tabaco, personalidad y estrés*, Herder, Barcelona, 1994.

Fagerström, K. O. Heartherton, T. F., *Nicotine Addiction and its Assessment*, *Ear Nose Throat Journal*, 1992.

Fiore, M. C. *et al.*, *Methods Used to Quit Smoking in the US: Do Cessation Programs Help?*, *American Medical Association*, 1990.

Fowles, Jef *et al.*, *Chemical composition of tobacco and cigarette smoke in two brands of New Zealand cigarettes*, 2003.

How Tobacco Smoke Causes Disease: The Biology and Behavioral Basis for Smoking-Attributable Disease, 2010.

Joossens, L. y Sasco, A., *La igualdad se va con el humo. Las mujeres y el tabaco en la Unión Europea*, Bruselas, 1999.

Marín, D. y González Quintana, J., *El tabaquismo como farmacodependencia*, en E. Becoña (ed.), *Libro blanco sobre el tabaquismo en España*, Glosa S. L., Barcelona, 1998.

Orleans, C. T. y Slade, J., *Nicotine Addiction Principles and Management*, Oxford University Press, Nueva York, 1993.

Slade, J., Bero, L., Hanader, P. y Barnes, D. E., *Nicotine and Addiction: Brown and Williamson Documents*, JAMA, 1995.

Stefano, G. B. *et al.*, *Nicotine, Alcohol and Cocaine Coupling to Reward Processes Via Endogenous Morphine Signaling: The Dopamine-morphine Hypothesis*, Medical Science, junio 2007.

The Tobacco Epidemic: A Crisis of Starling Dimensions, Organización Mundial de la Salud, Ginebra, 1998.

U. S. Public Health Service: Smoking and Health, Reports of the Surgeon General of the Public Health Service, 1964-2010.

Waters H. *et al.*, *La Economía del Tabaco y los Impuestos al Tabaco en México*, Unión Internacional contra la Tuberculosis y Enfermedades Respiratorias, París, 2010.

World Health Organization, Tobacco & Poverty: A Vicious Cycle, 2004.

Los documentos con información clasificada de tabacaleras y las demandas en su contra se pueden encontrar en:

www.tobaccodocuments.org
www.tobacco.neu.edu/mn_trial
www.tobaccoarchives.com
www.pmdocs.com
www.tobaccopapers.org

Índice analítico

Estimado lector:

En esta 1a. edición encontrarás valores de la Encuesta Nacional de Adicciones (ENA) 2008; sin embargo, debido al incremento de consumo que se registró en la ENA 2011, es conveniente incluir los datos actualizados del escenario de tabaco, alcohol y sustancias en el país.

Cuando los resultados de la ENA 2011 de la Secretaría de Salud del Gobierno Federal fueron liberados en octubre de 2012, este libro ya estaba en proceso de impresión, por lo que en estas páginas finales incluimos los datos que dicha encuesta refleja. En la 2a. edición de Editorial Trillas se incorporarán al cuerpo del texto.

	ENA 2008	ENA 2011
Porcentaje nacional de fumadores (12 a 65 años).	18.5%	21.7%
Personas en el país que fuman (12 a 65 años).	14 millones	17.3 millones
Porcentaje nacional de ex fumadores.	17.1%	26.4%
Personas en el país que dejaron de fumar.	13 millones	21 millones
Porcentaje nacional de personas expuestas al Humo Ambiental de Tabaco (HAT).	23.3%	30.2%
Personas expuestas al Humo Ambiental de Tabaco (HAT).	11 millones	12.5 millones
Experimentación con tabaco.	13.7 años	Estimación CDT* 11.6 años
Inicio de consumo diario.	16.7 años	14.1 años
Otras fuentes		
Costo anual por diagnóstico, tratamiento y rehabilitación de enfermedades por tabaquismo.	$75 200 millones	Estimado CDT $108 800 millones
Vidas perdidas al año (4 enfermedades principales).	CONADIC 65 000	Estimado CDT 80 000
Vidas perdidas al año (34 enfermedades mortales por fumar y HAT).	Estimado CDT 135 000 2008	Estimado CDT 167 000 Senado 2012
Recaudación por impuestos al tabaco.	$32 400	$46 891
Aportación de otros impuestos para cubrir el gasto en salud por tabaquismo.	$42 800	Estimado CDT $61 900
Déficit por impuestos al tabaco menos el gasto en salud por tabaquismo.	$10 400	Estimado CDT $15 000

* CDT: Clínica del Tabaco.

La publicación de esta obra la realizó
Editorial Trillas, S. A. de C. V.

División Administrativa, Av. Río Churubusco 385,
Col. Gral. Pedro María Anaya, C. P. 03340, México, D. F.
Tel. 56884233, FAX 56041364

División Logística, Calzada de la Viga 1132, C. P. 09439
México, D. F. Tel. 56330995, FAX 56330870

Esta obra se imprimió
el 2 de enero de 2013, en los talleres de
Encuadernaciones Maguntis, S. A. de C. V.

B 105 TASS